PINGHENG JINGJI XUE

平衡经济学

王跃 著

经济日报出版社

图书在版编目（CIP）数据

平衡经济学 / 王跃著．-- 北京：经济日报出版社，2022.5

ISBN 978 - 7 - 5196 - 1086 - 9

Ⅰ．①平… Ⅱ．①王… Ⅲ．①经济学 Ⅳ．①F0

中国版本图书馆 CIP 数据核字（2022）第 067233 号

平衡经济学

作　者	王　跃
责任编辑	周　璠
助理编辑	王孟一
责任校对	徐建华
出版发行	经济日报出版社
地　址	北京市西城区白纸坊东街 2 号 A 座综合楼 710（邮政编码：100054）
电　话	010 - 63567684（总编室）
	010 - 63584556（财经编辑部）
	010 - 63567687（企业与企业家史编辑部）
	010 - 63567683（经济与管理学术编辑部）
	010 - 63538621　63567692（发行部）
网　址	www.edpbook.com.cn
E - mail	edpbook@126.com
经　销	全国新华书店
印　刷	鑫艺佳利（天津）印刷有限公司
开　本	710 mm × 1000 mm　1/16
印　张	12.75
字　数	130 千字
版　次	2022 年 5 月第 1 版
印　次	2022 年 5 月第 1 次印刷
书　号	ISBN 978 - 7 - 5196 - 1086 - 9
定　价	68.00 元

自序

心无界，域无疆

从1929年美国的大萧条开始，到2008年的金融危机之前，世界走过了一个完整的经济周期。

相对于整个人类历史而言，80年过于短暂，不过是惊鸿一瞥，但是就我们思考一些问题而言，80年已经足够了，足以让沧海变桑田了。在这个周期的不同阶段，都有着丰富的经济理论，这些理论在相应的时期，无疑也起到了重要作用，但是今天我们又开始经历新的危机，在这80年里，科技取得了骄人的成绩，人类的认知可谓突飞猛进，物质生活有了翻天覆地的变化，唯有经济学研究貌似并没有能让世界走出危机的怪圈，这说明现有的发展方式是有问题的，现有的经济学理论是需要再探讨的，真的是阳光之下没有新鲜事吗？

只要是问题，就一定有解决的办法，人类社会能不能有一种合理的方式来发展，永远不经历危机？这很重要，社会财富不管写在哪个人的名下，从历史的角度看都是全人类共同的财富，人类命运共同体的重要组成部分，而危机的最主要表现形式就是财富的灭失，是整个人类社会的倒退，这不应该发生。

本书从整个人类社会的角度重新对这一问题进行了思考，希望能提出一个全新的理论，并建立一个新的思考体系，使经济发展走出危机循环的怪圈，个人的能力是有限的，但人类的认知是无限的，这也许只是一个开始，一定要有一个开始，才可能有整个体系，这个体系过于庞大，需要不断地完善。

为了简明，本书第一章直接讲述了整体平衡经济学理论，接着在第二章对相应的概论做了一些观点性解释，同时指出了一些过去概念使用上存在的明显问题，这些准备完成后在第三章对经济周期与周期内结构进行了完整的平衡经济学的解释，因为视角不同，在过去被看成原因的经济学问题通过平衡经济学的解释就变成了结果，从这个角度来讲，平衡经济学更注重问题的根源，明确了问题出现的真正原因，那解决问题的方法也就自然显现了，第四章用一个单独的章节讲了黄金与储备货币，第五章探讨了政治制度，明确了政治制度体系方向。

前面说过了，整个平衡经济学体系过于庞大，笔者不可能一个人把它非常全面的思考清楚，不过作为一个框架来说，这也许已经够了，于是从第六章开始对现实存在的迫切需要解决的问题结合平衡经济学理论给出了观点和解决方法，在第七章对世界主要经济体的发展和未来世界经济格局进行了分析，并在第八章就几个现存的问题进行了讨论。

正如托马斯·皮凯蒂先生指出的，完整而可用的数据太少，再加上时间跨度很长，所以能拿出来说明问题的数据实在少之又少，不过还好，本书更倾向于逻辑方向解释问题，所以数据少本身也不是个致命问题，有兴趣又有能力的读者可以自己寻找一些数据来验证一下。

笔者不是一个专业的经济学研究人员，所以对过往的经济理论没有好恶之分，理论观点本身就有很多种，认同与不认同都没有必要争论，也希望读者不要在争论中浪费时间，同样因为笔者不是一个专业的经济学研究人员，所以在许多既成的概念上存在着和专业人士不同的认识，或者叫理解，但这些都不影响把意思表达清楚，简单地说读者可以把这本书当作一个理论观点的表达去解读，同样可以把这本书当作一本小说来看，最终只要能看到一些对自己有帮助的东西就可以了。

为了节约读者的时间，更为了不让过多的文字限制读者及以后的研究者的思想，本书从始至终都本着少而精的原则去写，大道至简，其实也没有必要写太多，对一个观点的理解，根据不同人的理解能力会有完全不同的结果，所以问题的关键在于读者的理解能力，而不在于笔者写得多么详细，对于笔者而言，呈现给大家一个完整的逻辑框架就足够了，关键是完整。就如同有人告诉你要达到你的目的，必须从 A 点走到 B 点，我想这已经足够了，至于怎么从 A 点走到 B 点，不应该是告诉你如何达到目的的那个人去替你想的，哪怕是你爬着去都没关系，只要到了 B 点就行了。

正文可能比较枯燥，那我们最后说几句轻松点的，绝大多数读者一定想问一个问题就是笔者是哪个名校毕业的？因为在绝大多数人眼里，正统而有名的出身是理论正确性的一个背书，这是个认知上的潜在思维，笔者不评论它对错，但是笔者不是这样思考问题的，因为这两点实际上没有必然联系。但是既然大家都这样想，那笔者就从众一下，在中国最有名的大学就是清华大学了，笔者可以明确地告诉大家，笔者不是清华大学毕业的，但是没有关系，笔者青年时有个小目标：笔者不上清华大学，会成为清华大学的遗憾！这是个玩笑，必须说明一点，笔者对清华大学乃至所有名校都是心存敬畏并心怀向往的。

好了，我们开始吧！

目　录

CONTENTS

第一章　平衡经济学理论

本章的所有内容都是指无货币无国家状态的人类社会整体。

（一）总人口

经济学理论的研究无疑是为了让人类社会更健康的发展，所以作为人类社会的核心问题——人口问题，就是经济学研究的重中之重，也是判断一个经济学理论偏向宏观还是偏向微观的重要依据，正所谓无人口不宏观！

1. 人口数量

为了简单化，对人类历史上的人口数量变化的分析就省略了，因为这些与平衡经济学要研究的问题关系不大，平衡经济学要研究的人口数量更侧重以后的人口总量与合理的理论人口总量的设定。

有一个不争的事实就是——自有可计算或可估算数据以来，全球人口总量是在不断增长的，尤其在最近的一百年左右时间里增速更快。这就需要我们考虑一个问题——全球人口在一个什么样的数值区间内是合理的？

危言耸听的话就不用多说了，太多的灾难大片足以教育所有关心这一问题的人，关键是怎样确定合理区间，其实这在理论上相对简单，要付诸实施则需要大量的统计和计算。

人要生存就要有相应的能够保证其生存的物质条件，所以限定人口上限的唯一一个决定因素是保证生存的资源总量，通过对这一资源总量的评估可以倒推出全球人口上限，即使估算也是一项相当大的工程。笔者是做不到的，只能提出方案。

一定有人会说，随着科学的发展，资源替代会使总量增加，这没有错，但是站在更高一层看，所有替代都是在领域内实现的，就像牛奶可以替代面包是食品领域的，但是跨领域替代是不存在的，至少在可预见将来是不可实现的，就比如钢铁替换不了食物。至于科幻电影或者小说里的内容，我想还是先当作娱乐吧。

上限确定之后，从“0”到上限之间还有一个很宽的区间，那么总人口是在区间内越多越好还是越少越好？这个问题可以讨论几个世纪，平衡经济学认为总人口相对多比少要好，这一点在看完了后面的内容之后相信大家会有一个确定的判断。

最后一个问题就是人口总量的波动，受各种因素的影响，人口总量是波动运行的，而且从现在往回看，整体趋势是波动增加的，从发展的角度来讲，如果没有上限存在，显然波动增加更有利于人类社会的发展，原因就不在这里细说了，一切从简，以节约时间为主，因为笔者有非常强的紧迫感，这个感觉绝对不是一个好的征兆，当然在后面讲经济周期时会提到人口上升带来的好处，关键是有上限存在，趋势性上升永远持续则终有一天会触及上限而不得不出现波动折返，波动折返甚至长周期的趋势性波动向下，对经济与社会的发展无疑是个灾难。

现在问题简单了，总人口数量趋势性向上不行，而趋势性向下对经济社会是个灾难，那只剩下一个理想的选择——在一个相对高位保持总数量平衡。

我们用图 1–1 来说明一下。

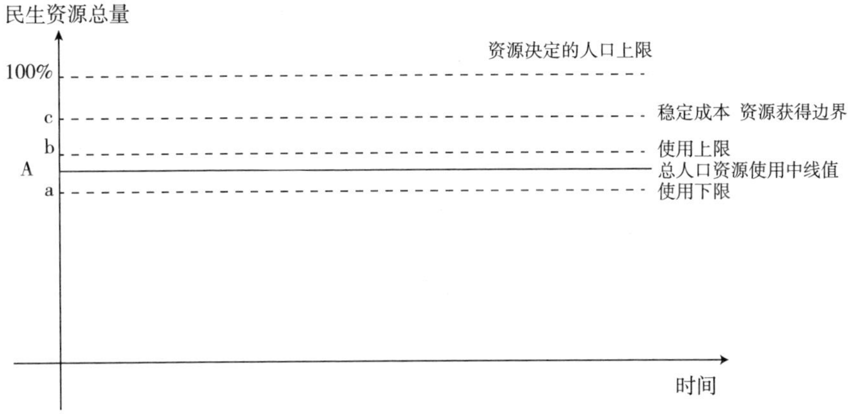

图 1-1　合理人口总量设置

结合图 1-1 更容易讲清楚，由民生资源总量 100% 限制住了理论人口上限，是资源承受极限，而 0 到 100% 之间是一个民生资源获取成本的上升区，越接近 100% 获取越困难相应的单位成本也越高，A 代表总人口的资源使用量中值，a 和 b 分别代表总人口的资源使用量下限和上限，所有边界的问题都应该有一个缓冲区用以防止频繁触界，b 和 c 之间就是这个缓冲区，显然 a 和 b 离得越近总人口延续越均衡，这是一个示意图，读者不要根据图上的比例来估算字母代表的数值，能读懂意思就可以了，字母代表的数值需要大量的计算才能得到，希望以后有人做到，现在先模糊化处理就可以了。

2. 人口结构

当人口总量限定后，很容易根据平均寿命得到人口的年龄结构，是相对固定的，所以这里我们要讨论的人口结构是人口知识结构，是为劳动分工做准备的。

知识结构是个动态而复杂的问题，是随着社会的发展不断在变化的，为了不出现劳动力浪费必须早于社会需求一个以上的人口教育周期进行调整，这其实是个教育问题，合理的教育疏导要尽可能在教育端进行劳动力分配以最大限度避免劳动力领域性过剩或短缺。

这个问题和笔者在本书中要讲的问题不是直接影响因素，就不浪费时间在这里说了。

从最有利于经济社会发展的角度看，人口状态应该是一个在民生资源承受能力范围内相对较高位置的总量相对固定的均衡延续，同时要根据社会发展不断调整劳动力结构。以求人口效用最大化。

（二）总需求

平衡经济学把社会总需求分为刚性部分和弹性部分两个部分来分析，主要目的是使需求总量中的变量部分更突出，使读者更容易理解后面章节要讲的问题。

1. 总需求刚性部分

总需求的刚性部分就是用以保证总人口基本生活的需求，说起来不是很清晰，所以需要读者理解一下，接近总人口的恩格尔系数需求。有一个关键点需要记住，因为总人口是有上限的，而总需求刚性部分由总人口决定，所以总需求刚性部分是有上限的。

2. 总需求弹性部分

总需求的弹性部分是总需求减去总需求刚性部分的剩余需求，它是经济学领域研究的主要内容，主要由财富能力和偏好及时间决定，因为财富能力及时间有上限，所以总需求的弹性部分是有上限的，总需求的弹性部分是社会经济发展的支柱力量。

在人类社会发展的进程中，在解决温饱问题之前的漫长岁月里，经济几乎没有发展的主要原因是总需求刚性部分消耗了所有资源，几乎没有总需求弹性部分存在。

总需求的两个组成部分都存在上限，那么总需求也是有上限的，我们看下图 1–2：

在一个长时间跨度里，画成这样足以说明问题，但是在一个短的时间跨度里这样画显然过于粗糙了。其实能看懂以下几点就够了，在人类历史上：

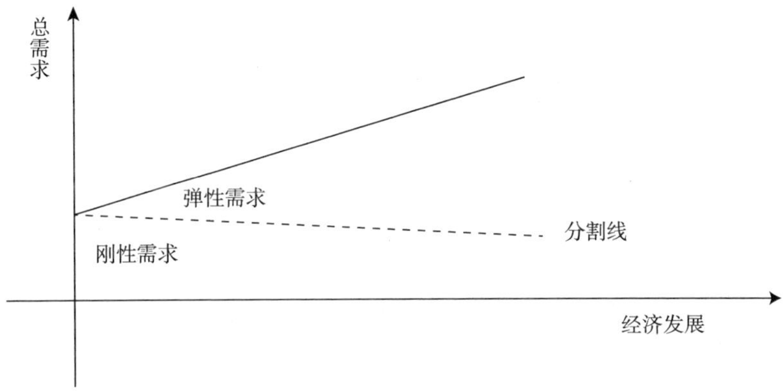

图 1-2　自然状态下刚性需求与弹性需求的变化

①弹性需求的出现晚于刚性需求。

②早期由于人口增速慢而且刚性需求占绝对比例优势，所以经济形势简单。

③分割线和需求上限背离（对于这一点看完后面经济周期一章就明白了）。

平衡经济学的理想状态下人口是相对恒定延续的，一旦人口实现恒定，那么刚性需求随人口相对恒定，如图 1-3 所示，弹性需求本身也就相对衡定，为经济社会平稳发展奠定了坚实基础。

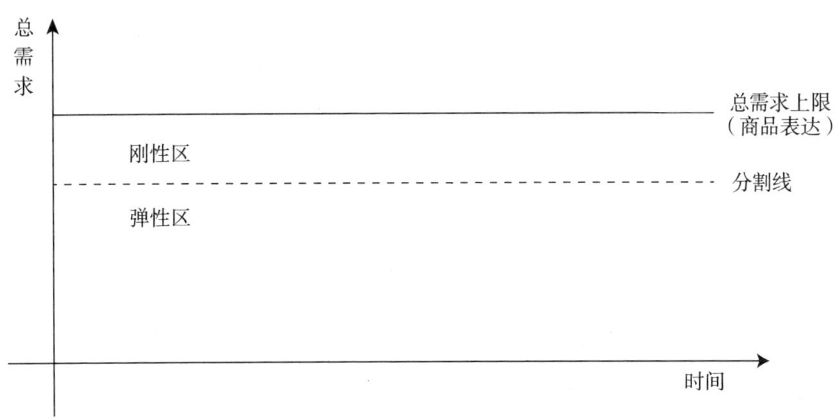

图 1-3　平衡经济学理想总需求

（三）总供给

平衡经济学同样把总供给分为刚性和弹性两部分来分析，以便分离出研究的重点。

1. 总供给刚性部分

总供给的刚性部分实际上和总需求的刚性部分是对应的，也是存在明显上限的。但是，总供给上限是由资源总量决定的，和需求在量上没有对应关系。

2. 总供给的弹性部分

平衡经济学要着重研究的是总供给的弹性部分，甚至后面很多简化地说供给的都指的是这一部分。

总供给的弹性部分和总需求的弹性部分是不存在对应关系的，它主要由生产能力和生产能力投向决定，它不存在明显上限，读者有兴趣可以自己画个简图，这里参考图 1–4。

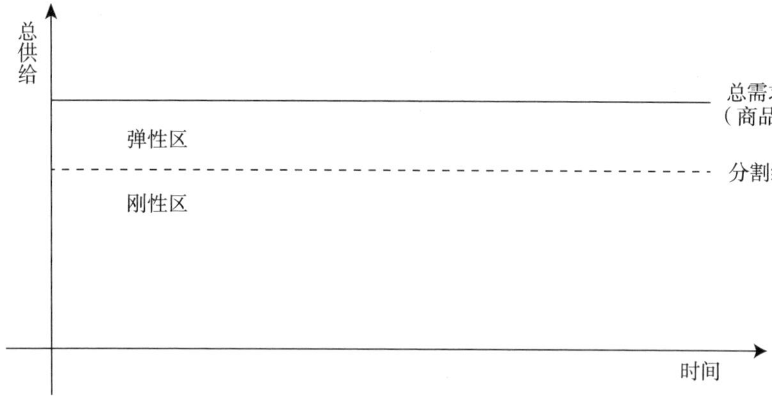

图 1–4　平衡经济学理想总供给

在人类发展史上，随着人口的不断增加和经济的发展社会资本存在增长加速的态势，造成总供给实际不可控，平衡经济学理想状态中总需求弹性是相对衡定的，那么要让总供给弹性部分达到理想状态必然需要外力干预。依照理想状态来匹配需求弹性部分，依照理想状态的总需求弹性部分来设定供给。

这一章主要讲的应该是总人口问题，但它的理想状态是一个相对恒定的量，所以并不是重点想说的。实际上社会经济问题都出在总需求弹性部分和总供给弹性部分，因为这两个不仅是变量而且不存在任何的天然对应关系，虽然通过市场教育可以使需求靠拢供给，但是由于总需求弹性存在上限，而总供给弹性不存在上限，所以实际上要总供给弹性去主动适应总需求弹性，如何使这两个并不存在天然对应关系的变量达成一种平衡对应关系，使经济社会良性发展，是平衡经济学要探讨的主要方向。

平衡经济学中的人类社会理想状态是一个人口相对恒定，供需处于平衡的发展状态。

第二章　国家货币与政策

（一）国家

在平衡经济学看来国家就是一个以地域为主导因素分割出来的经济单元，主要职责是保护经济单元的自身利益，世界经济整体被以国家的形式分割成不同的单元，单元内的一切行为包括政策制定、用教育途径确立民众观念、本币发行等等。其初始的最主要目的是为了保护经济单元的自身利益，国家的存在对世界经济发展的作用在经济发展进程中是不断走向反面的，知道这些我想在本书中就够了，讨论这个问题不是本书的重点，也不是本章重点，如果以后有机会可以单独拿出来分析。

（二）货币及货币的政策

货币和货币政策是本章乃至本书的一个关键，弄懂了货币及其货币政策的平衡经济学解读，后面的很多问题就变得非常简单。

1. 货币及其功能

2.1 货币

平衡经济学认为货币是经济体用制度确定的交换中间体，价格衡量的中间体，或者叫价格标尺。

怎么理解这个问题呢？例如早期交换中是 A 形式：

1 头牛 =7 只羊

1 条鱼 =1 只鸡

随着交换的发展逐渐转变成 B 形式：

1 头牛 = 一定数量的货币 =7 只羊

1 条鱼 = 一定数量的货币 =1 只鸡

很显然，到了 B 形式交换两端可以统一和一定数量货币对应了，接下来的 C 形式等式（C 形式等式具体内容见下文）就变成商品在一端、一定数量的货币在另一端了。

货币的好处显而易见，我们只说平衡经济学需要的东西：首先，显然它应该是与实物对应的——即平时讲的锚定，也就是说锚定于商品是货币的天然属性。那么延伸一下，数字货币的本质是数字还是货币？显然是货币，数字只是表现形式。在使用过程中要及时调整货币数量。

从古至今在货币的使用上都存在同一个致命的问题——即货币单向锚定，什么意思呢？我们先从字面上理解一下这两个字——货币，为什么不直接叫币？以交换的 C 形式作为参考：

1 头牛 = 一定数量的货币

1 条鱼 = 一定数量的货币

7 只羊 = 一定数量的货币

1 只鸡 = 一定数量的货币

“货币”两字说的是这个等式，左边是货，右边是币，这个名字里带有锚定物和交换过程，说明了币与货存在着天然的锚定关系。

那么从等式角度来讲，基本习惯是左边决定右边，在这里说的是有多少币实际应该是由货的数量决定的，这就是笔者所说的货币的单向锚定。

既然币的数量由货决定，那么所有的商品即货都是有时效的，也就是不可能永远存在，那从这个角度看币也应该是有寿命的，应当随货而生且随货而灭，这样才是双向锚定，但是在现实中货币调减的情况几乎不存在。只有及时调减失锚货币，才能保持货币在一个长的时间段里购买力表达恒定即标尺准确。

这个问题虽然看上去是个小问题，但却是经济学领域困扰研究者的一个重要根源问题，只有产生没有消亡的货币在经济系统内是一个系统通胀。

1.2 货币的功能

有关货币的功能，现有经济学理论普遍认为有两个：一是交换功能，二是贮藏功能，而平衡经济学认为货币只具有交换功能，不具有贮藏功能，这和大家的习惯认知相差太远了，读者先没必要反对，可以按笔者的思路去想一下，看看能不能理解，想明白一个道理并不难，难的是改变一个思维习惯。

我们用极限思维来理解一下货币不具备贮藏功能，一个事情达到极限时会过滤掉很多看上去重要，实际并不重要的条件，可以使问题简明清晰。粮食是人类生存必需的商品，假定世界人口数量是 a，食物充足即满足 a 消费需求时，占有数量多的个体可以卖出多余的食物，转换成一定数量的货币 b（不再引入其他商品，使交换简单更好理解），那么货币 b 的持有者认为他们贮存了货币，到他们食物不充足时可以把 b 数量的货币再转换成食品——所有人都认为这是正确的，但其实并不正确，当外部冲击到来时，比如世界性自然灾害造成世界食物总量只够三分之一 a 的人口生存时，如果这时持有 b 数量货币的人们自己没有食物了，按照习惯是拿 b 数量的货币去换回食物但结果实际上是换不到的。这种事情历史上不断出现过，有手握黄金饿死的，更有手握钱币饿死的，这个简单的例子足以让读者理解平衡经济学中货币是不具有贮存功能的说法，这一点必须要弄清楚，否则后面一些内容大家可能无法理解，还有一个例子就是政权更替之后，新政权要做的第一件事是用新货币重构社会所有。

货币数量不能代表财富，它更不具备贮存功能，经济周期里的过剩，从表面上看是货币表达的供给严重大于货币表达的需求，而从深层看实际上是经济学理解货币的错误造成了货币的超功能使用，在人类的早期交换里是没有货币的，交换便利需求使货币出现，那么货币是为促进交换才产生的，它并不是变换必须的，我们完全可以理解成货币的本质是个换算方法的量化表达，一种换算方法怎么可能有贮藏功能呢？

1.3 交易延时、区域性市场与分级货币，交易紧迫。

既然货币不具有储藏功能，那是什么让人们产生了货币可以储藏的错觉呢？——平衡经济学认为是连续市场交易为交易个体提供的交易延时功能使大家产生了货币有贮藏功能的错觉。

所有人都知道货币的产生为交换提供了便利，那从平衡思维的角度讲获得这种交换便利的成本是什么？——交易时间的延长。一个完整的交易里永远是以货易货的，这样交易才是天然平衡的，简单理解就是只有把交换得到的货币再交换出去换回物资，针对于这个货币使用者而言交易才真正完成了。当交换者换回货币停止了交易时，从交易过程看只完成了整个过程的一部分。

在完整交易的基础上我们再来说一下交易延时。交易延时可以简单理解成在一个足够大的市场中存在着足够多的交易者时，交易者可以有意识地使用交易等待时间，使个体交易可以相对延后进行。说着挺复杂，还是举个例子吧。讲交易延时同时我们用一个简化交易的例子，讲一下市场的区域性与货币分级的必要性，虽然不可能讲得太细，至少使理论点充足，有利于以后对个体问题的分析。

在 A 与 B 两个不同的地方，A 与 B 这两个地方存在着明显的经济差异，A 代表发达地区，B 代表不发达地区，这两个地方出产同一种产品，比如玉米，在 B 一个卖玉米的交易点，有三个购买者在排队交易，还有新的购买者陆续加入排队，使排队行为得以延续，在这个队伍里一个站在队伍中间的购买者，比如排队的第三个人“C”，当前面两个购买者的交易结束之后，按顺序应当是“C”进行交易，这时“C”可以马上交易，还有一种选择是让排在后面的交易者先交易，当他选择是让排在后面的交易者先交易时，他实际上是使用了交易延时，如果玉米交易过程设定为所有购买者都交易完成或所有玉米都卖完则整个交易结束，那么“C”的最长延时交易时间实际上也就被设定了，当交易结束时 也就是说“C”的交换标的针对玉米失效了，当然另一个决定延时长度的因素是“C”所持有标的物的寿命。

如果“C”用来交换玉米的是实物商品，理论上说他可以选择去 A 的玉米交易点再交换玉米，但在实际情况中未必绝对可行。

首先，A 和 B 是两个经济有明显差异的地方，那么最终表现就是 A 和 B 两个地方的价格体系基础是不同的，所以同样的交换标的在两个不同的地方能够换到的玉米数量肯定是不同的，还有一种更极端的问题可能会出现——“C”用以交换玉米的实物标的是典型的区域性商品，比如土地或房产，那么这个类型的商品不可能从“B”拿到“A”，而“A”地的玉米交易者因为市场区域性问题也并不接受这种商品作为标的来交换。而玉米本身是完全可移动且在 A、B 两地市场都被广泛接受的商品，所以从实物交换角度讲，市场是有明确区域性的，而商品因种类不同存在着区域性明显与区域性不明显的差别，这在交换定价中会有明确体现。

我们再来看看“C”用货币来购买玉米会是个什么结果。A 和 B 两个地方虽然经济水平不同，整个价格体系也不同，但是从货币角度看 A 地的一个单位货币和 B 地的一个单位货币在同币种的情况下是完全无差别的，而且一种统一的货币在不同的市场中是完全无差别的，所以在货币统一状态下 A、B 两地的玉米最大价格差不能超过玉米在 A、B 两地之间的运输成本，这种成本锁定的价格差距区间实际上是一种消耗成本，是不能转化为交换利润的，只有价差大于这个成本时才有利润产生，所以在货币表达下 A、B 两地玉米的价差变得和 A、B 两地的价格体系差距完全无关，只和运输成本有关，这明显是不合理的，因为这破坏了价格体系中的比价原则。

统一货币带来的另一个问题是其对应着市场上一切产品的交易，这使延时功能被无限放大，同时货币自身没有寿命（明显不同于商品）所以只要货币发行方法没有变化，那么货币的交易延时功能就一直存在，久而久之，给大家形成了货币有贮存功能的错觉。

我们继续说一下区域性市场中的有明确区域属性商品的问题，这种商品中最具有代表性的就是土地，依托于土地的还有房产，当然还包括区域环境为依托的其他商品，这一类商品因为有明确的区域性，所以它是区域性市场价格体系的关键影响因素，它和无明显区域性产品通过比例变化，形成了不同区域市场的价格体系，而这些价格体系因为经济发达程度的不同而明显不同，主要因素是发达程度超高的地区，因为市场容量大，交易速度快，所以对无明显区域性商品有更大的吸附作用，而随着这种吸附的延续，最终经济发达程度低的地区所剩下的商品中，区域性商品占比大幅上升，而经济发达程度高的地区商品中无区域性的商品占比明显上升，实际上是能拿走的都拿走了。而这一切商品中最有杀伤力的迁移就是劳动力的迁移，即人口迁移。

为了维持经济发达地区的市场大体量与交易高速度，在货币不分级的情况下，发达地区的市场里一定吸附了更多的货币，这使经济发达地区的价格体系被不断推高而使经济欠发达地区的价格体系与经济发达地区的价格体系相差越来越远。区域经济发达程度的不同在开始时有着各种不同的成因，但是一旦出现了不同，不同区域市场的价格体系在统一货币的因素下会不断放大这种差距，解决这一问题的方法非常简单——在不同区域市场的价格体系之间使用不同的货币来区分区域性商品与非区域性商品的交易需求，即货币分级。

货币分级有没有依据？当然有，前面我们已经分析过，不同的区域市场中都有明确的区域性商品，既然市场是分区域的，我们可以理解成一种横向的分割，这种横向的分割是用以区分不同的价格体系的，那么为市场交易服务的货币为了让不同的价格体系之间不发生冲突，那它就必须分级——即纵向分割，以和市场的横向分割对应，而又能保证市场间即不同价格体系间的联系。

举个例子吧：一座山上有两个海拔高度不同的湖，一条小溪从这两个湖穿过，溪水的流动使两个湖里的水相通，溪水的大小是随着季节的变化有明显变化的，但是两个湖的水平面变化就没有溪水流量变化明显了，当一个极限问题出现时——小溪干涸时，两个湖里还有水，而且湖面下降并不多，因湖而生的周围一切变化也不大，但是当小溪干涸时，因小溪而生的周围一切变化就太大了。

如果我们把两个湖看作是两个不同的区域市场即两个不同的价格体系，把水看成是货币，那么能通过小溪流动的水和小溪干涸之后湖里剩下的水虽然都是水，但功能上看是有明显不同级差的，甚至在流入湖里之前是完全相同的水，进入湖里之后也出现了级差——湖里高于小溪出水最低点的水才能流入小溪，这一部分可以看作是全域流通货币，而湖里低于小溪出水口的水，在小溪干涸时它还在湖里，这些可以看作是区域性货币，全域流通货币和区域性货币分别保障着其服务的生态稳定。

必须指出的是，一定有读者认为分级货币是一种倒退，在这里简单说一下，倒退与进步的判断不应该是眼睛看到的方向来评判，而应该是用我们对事物了解的思想深度来评判，中国在秦朝实现了货币统一，在当时是个进步，促进了当时经济社会的发展，而随着社会的进步，社会认知水平的提高与技术水平的提高，重新开启货币分级概念绝对是人类对经济问题认知出现极大提高的表现。

交易紧迫这个概念的提出完全是为了让大家更好地理解货币分级的重要性，交易紧迫可以理解成是交易延时的反向，大家还记得讲交易延时的那个排队的例子吗？交易延时是主动放弃交易排到后面去，反向就是没排到交易顺序却向前跑争取提前交易——插队。

在货币不分级的情况下，交易紧迫出现时必然出现商品与货币对应平衡的波动，那么当交易紧迫无针对性时，表现是市场整体过热——通胀。而当交易紧迫有针对性时，造成针对商品价格大幅波动——炒作。更因为区域性商品存在着对应全部货币与对应区域内货币时明显的比差，所以区域性商品最终会成为炒作对象，比如炒房，不只中国有，世界哪都有，实际上就是货币不分级带来的天然价格可攻击，这是一种人为制造交易紧迫的行为。

2. 货币政策

信用货币机制本身存在着只关注数量不关注流速的缺陷，平衡经济学理解的货币政策是有明显区别的，在现行经济体系中，货币政策被赋予过多的而且是被严重放大的功能。

平衡经济学讲的货币政策主要任务是保持单位货币在不同的历史时期内购买力波动尽量小，即币值稳定，当然是相对的，所以是货币数量与锚定物数量之间的对应关系的维护机制，负责为新生锚定物配置相应的货币，并从流通总量中调减锚定物灭失对应的货币数量，使对应关系清晰。

而现行货币政策由于其关注点主要是市场实际利率，所以偏向使用货币的价格调节机制淡化了锚定关系，从保持衡量标尺的稳定走向了通过不断调整标尺使价格表达稳定，这显然是错的，我们都知道众多的国际标准单位都是有国际公认原器的，就是为了防止标准失准，而作为价格衡量尺度的货币没有国际标准原器也可以被接受，但是本来就没有国际标准原器，还用货币政策为理由随便改变标尺，这无异于作弊！ 100CM 是长 1M，90CM 也可以是 1M，80CM 还可以是 1M，那到底多长是 1M 还有准吗？其实决定利率的因素有流速与数量两个决定因素，货币政策是央行行为，央行实际上并没有国家经济的管理权，所以控制不了流速，于是只能在数量上做文章，也就是说央行的政策本质上都是数量型的，而流速更主要由国家经济管理部门来决定，因为需要大量的政策支持，怎么理解呢？比如，一条从 A 到 B 的高速公路中间无分支，车从 A 开向 B，要在 B 处每小时看到一辆车，每辆车都按同一时速行驶，那么就需要在 A 处每小时进入一辆车，当第一辆出现在 B 处时，后面就每小时出现一辆了，在 A 和 B 之间的高速上有几辆车是由 A 到 B 的距离和车的时速决定的，当车速下降一半时，A 和 B 之间的高速上车数增加一倍，AB 间距是一小时车程，在车速下降一半这一点上，即 A 点放车速度快一倍，才能保证 B 点每小时看到一辆车的情况不变，AB 之间全长 60km，车速 60km/ 小时，第 1、2、3 辆车都间隔 1 小时，第 4 辆是 30km/ 小时那 4 必须和 3 同时出发，即比正常提前 1 小时。

央行只能负责准备车，按什么速度跑央行不能决定，车在行驶途中速度下降造成B处看到车时间超过一小时，那央行的解决方法只能在A处加快放车速度，实际是提高了单位时间内的放车数量，而放车数量只是影响B处见到车的因素之一，只有当所有放入的车都按规定速度行驶时，B处的车间隔时间才和A处放入车的间隔时间相等，也只有在这一情况下，在A处加快放车速度才能提高B处出现车的速度，即A处每隔一小时放入一辆，B处每隔一小时见到一辆，而要在B处每半小时见到一辆，则必须在A处每半小时放入一辆，但是如果车在行驶过程中速度下降了（可以因为路况，天气，车况，事故等各种原因）那么要解决B处出现车的间隔时间过长问题，在A处提高放车速度是无效的，反而会使路上行驶的车辆过多而适得其反，极限地想一下，如果因为某一原因交通中断了，那在A处放车速度多快，B处都不会见到车，只能使路上堵的车更多，这其实就是危机期货币政策失效的原因。

货币投放问题是个复杂问题，但有一个问题是清晰的，就是货币既然是用来交换的，那它必定会和商品形成对应逆向流动，遵循这一原则修正货币投放方式，使货币循环逐渐趋于合理。

（三）成本计算与货币状态下的供需曲线

一定会有读者问一个问题，按平衡经济学的思维和对货币的理解，在平衡经济学的理想状态下物价是不是就恒定了？毕竟物价是关系到每一个人的切身问题，所以成为第一关注点并不奇怪。

1. 成本变化的根本原因

在平衡经济学的理想状态下物价也是波动的，物价波动有几个主要因素，货币政策只是其中的一个，少一个因素只能使波动变小，这个问题足够单独写成一本书，在这里先不做深入探讨。

在平衡经济学的理想状态下成本变动的根本原因是劳动力的成本波动，任何价格波动的本源都在这里，而且这一点也是现行经济中成本变化的一个主要原因，可以简单地理解成财富的积累和货币的流通量影响了人们的心理欲望值，心理欲望值变化影响成本变化。

例如，有一个人他有一个货币单位的财富积累时，有一项工作完成后给他 3 个货币单位的酬劳，他同意去做，但当这个人有 100 个货币单位的财富积累时，这项工作他就不愿意去做了，他可能要求 300 个货币单位的酬劳。

另一方面当社会普遍流通货币单位是 1 个标准货币单位时，同样是上面这个工作，3 个标准货币单位他同意去做，当社会普遍流通货币单位是标准货币单位的 100 倍时，他就要求 300 个标准货币单位才去做了。一定会有人说科技发展了，人力成本应该下降，那你结合人口结构那部分再看看，给你讲个人工智能的例子。这是一个明显代表了科技发展的新领域，但是其明显标志是从业者的平均工资水平比传统行业高很多，科技发展带来的成本下降是通过工作岗位减少实现的，并不是通过降低个体收入实现的。

2. 货币状态下的需求曲线

（1）供需曲线的无货币状态在第一章讲过，那么当加载上货币，商品数量转化为货币数量之后，在平衡经济学的理想状态下应当是差别不大，只有成本上升一个稳定的影响因素，但是现实经济状态下差别很大。我们延续第一章习惯，第一章画图的这里也画，主要为了方便对照，第一章没画图的这里继续希望读者自己画。

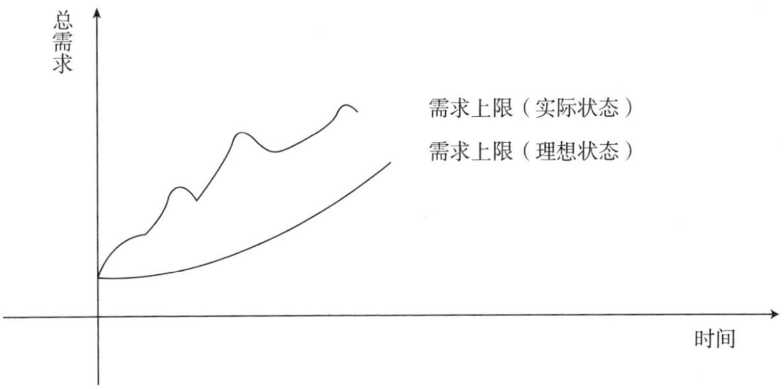

图 2–1　总需求的理想状态与现实状态对比

理想状态，因单纯成本上升造成的价格上涨是有均匀上升速度的，现实状态因货币政策造成明显波动状态。

图 2–1，我们把两种状态画在一个图里。平衡经济学的理想状态下总需求的货币表达是一条平滑向上的倾斜线，造成倾斜的原因是成本上涨造成的价格上升。

为了减少变量我们设定现实状态里的人口情况和理想状态相同，曲线方向虽然基本和理想状态一致，但有两个显著不同，第一个就是升速明显快于理想状态，这是由于系统通胀，即无锚货币的存在造成的，第二个就是明显的波动，造成波动的原因就是现实货币政策里的人为通胀，因为每一轮通胀幅度都不尽相同，所以波幅不同。

（2）货币状态下的总需求刚性弹性分割线

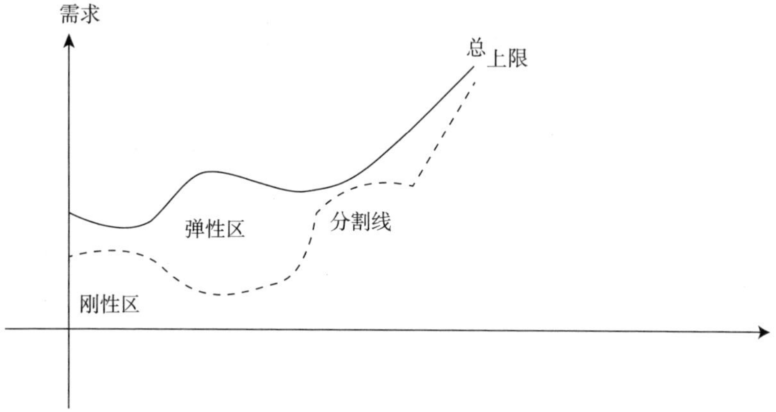

图 2–2　经济周期对需求刚性与弹性分割线的影响

货币政策及通胀不仅使线变得弯曲，同时在不同时期刚性和弹性区有明显差别，这是由经济周期造成的。

（四）通胀通缩与财政政策

人为的通胀与通缩在平衡经济学里是不存在的，因为货币锚定了，这里是纯为当前的状态来解释的，以防后面讲现实问题时出现空白。对于财政政策的理解，平衡经济学也有别于当前社会的理解。

1. 通胀与通缩

通胀与通缩是相对的，在经济运行中，通胀和通缩都是有方向的，因为每一轮货币投放都有一个起点领域，所以这个起点领域就是通胀的起点，而通胀的方向是由货币流向确定的，怎么理解呢？货币的另一个名字叫“流动性”，读者可以想象一下温泉的蓄水池，刚抽出来的温泉水统一放在一个蓄水池里，蓄水池外围有很多与蓄水池相连的小池，而且根据需要的水温不同而分级，根据需要从蓄水池向其中一个一级小池放水，那这个小池的水就比同等级其他小池水面高了，一级池之间的水流动将最终使所有的一级池水面持平。如果需要温度降低，那就把这个一级池的水再放到相连的二级池，于是这个二级池的水面比其他相同的二级池高了，二级池之间的水流动将最终使所有二级池水面持平……依此类推。

由于每一次货币投放都是通过某个或几个领域作为起点的，所以投放领域相对于无投放领域来说通胀明显。通胀领域的资本收益明显高于其他领域，钱好赚，进而资本又会明显向通胀领域汇集。资本天然的逐利性使通胀领域对其他领域有天然的压缩功能。

中国近些年的房地产行业是对这个道理的深刻体现。

2. 财政政策

平衡经济学对财政政策是提倡的，就是现在执行的很多所谓货币政策，也是财政政策应该完成的工作，平衡经济学把调整经济运行平稳衡定的任务交给财政政策，但是有一个限度，就是财政政策本身是对经济规律的适度干预，不能预期它能改变经济内在规律。

财政政策本身也要适度，因为它不同于货币政策可以无中生有，凭空创造，财政政策本身是一种政府的需求释放行为，也是有上限的。

3. 货币流通与抗通胀

货币流通最应该关注的是货币使用效率，货币市场上影响货币使用效率的因素有两个，第一个是货币投放总量，理论上讲它和使用效率反向，即总量上升效率下降，第二个是流通效率，它与使用效率正向，即流通效率越高使用效率越高。

过犹不及，这两点都应该有一个合适的值，在平衡经济学里合理值相对容易测定，因为货币总量是一个准确的与实物锚定的值，可以通过实物测算，而合理的使用效率可以通过历史发展中经济最理想阶段的货币回笼周期测算，算出理想运行状态下的流通效率，两个因素都有了，使用效率也就有了，用这个效率来指导以后经济的运行。

接下来说一下抗通胀这个有意思而且有用的话题。既然预期到通胀，那怎么对抗？一般反应都是买黄金，先不说交易储存之类的难度，单纯说思维就过于静态了，不论买什么都是把手里的钱在被通胀之前换一种储存形式，而我们在前面讲通胀的时候指出其具有领域性和方向性，这两个性质是可以利用的，卖掉非通胀领域的资产，再举债，然后去预期通胀领域投资，通胀之后收回投资，这是一个动态的抗通胀的方法。

讲个小问题轻松一下，为什么财富从长期看总是向少数人集中的？其实很简单，我来解释一下，读者可以考虑一下有没有道理。

前边讲到，总需求分为刚性和弹性两部分，那无疑个人需求也分为刚性和弹性两部分，穷人和富人最大的区别在于弹性需求差距，如果我们以支付能力是否越过刚性与弹性的分割线为标准来区分穷人和富人，即在分割线两侧都有支付能力的为富人，而支付能力只存在于需求刚性区的为穷人。

我们来分析一下在除支付能力之外其他条件完全无变化的情况下，一个人的支付能力正好能满足他个人的刚性需求，在这种情况下他是不会有财富积累的，也就是说他的支付能力没有一点能停下来，无锚货币即系统通胀，存在于经济的各个领域。但这个人感觉到的是它一直只够支付刚性需求，在这一状态下系统通胀对他没有任何影响。在他这里无锚货币是随着维持刚性需求而循环的，然后他的支付能力变化有两个方向：一是跨过分割线成为富人；二是退回到刚性区内变得更穷（毕竟刚好在线上不可能长期不变）。当第一种情况出现时，如果他储存了弹性需求支付能力，这里会出现一个有趣的现象就是弹性支付能力变成了货币数量，支付能力在使用时不显示系统性通胀，而货币数量是显示系统性通胀的，实际这一个转变帮他沉淀了这部分无锚货币，他再用这些财富去投资，哪怕是最简单安全的出借生息，无锚货币也开始给他创造新的财富了，循环下去是个什么结果显而易见（储存的行为循环）。

当第二种情况出现时，他就悲哀了，为了补足刚性支付能力他需要借贷，借贷正好把第一种情况逆化了，不仅要付息，而且借来的是货币数量，含无锚货币数量，转入支付能力循环时无锚货币数量被循环抹掉了，他实际上又使无锚货币开始循环，他承担了这部分无锚货币，循环下去后果不堪设想。

第一种情况代表富人，而第二种情况代表穷人，在无干扰状态下，这样发展下去自然是富人越来越富，穷人越来越穷，如果叠加了货币政策的有意识通胀，那结果还会被放大，通胀越严重，财富向少数人集中越明显。这个问题看上去是个小问题，其实它是经济学里从古至今困扰研究者的一个重要根源问题，只有产生没有消亡的货币在经济系统内是一个系统通胀。

这部分也许不太好理解，其实就是，穷人借贷和富人借贷的区别。富人借贷和穷人借贷的本质差别是用途不同，富人借贷投资受益通胀，穷人借贷消费承担通胀，一个投向供给一个投向需求。

（五）金融市场

金融市场的重要性每个人都清楚，但是什么样的金融市场才是健康的呢?

金融市场的终极目标是提高经济效率，是经济的晴雨表。平衡经济学认为金融市场要健康必须具备两个条件：第一要基础牢固，金融市场顾名思义是个金融交易场所，它要以健康的实体经济与真实的货币表达为基础，它是交易场所，不能自己改变交易标的物的原有价值；第二就是它在经济中的重要性永远不能超过创造标的物原有价值的实体经济，所以它的规模应该与实体经济成一定比例，那这个比例是多少？这需要非常复杂的计算。

按照这两个条件衡量现在的金融市场显然问题很严重，标的物原有价值几乎没人过问，市场里的所有人都只关注设计什么样的产品能更快更多地盈利。从资本的角度看盈利就是资本的使命，这没有问题，但是这种行为是促进财富增长，还是零和，甚至从整体角度看是倒退？既然所有的资产都是帮资本盈利的道具，那干脆就不要道具了，于是金融市场汇集了全世界的精英直接赤膊而上，用钱挣钱，但是创造了什么呢？除了创造骗子还有什么？又因为金融市场的高灵敏性使它最终成了货币政策的晴雨表而脱离了经济本身。

现实的货币政策本身如果有缺陷，那“这块表”显示的不可能准确。

笔者经常用这样一个比喻来形容现实的金融市场：有两个人一起盖房子，一个人负责送材料，一个人负责盖，打好地基之后开始盖楼，原本设计是盖三层，材料当然也就按三层的数量来准备，但是盖完第三层，那个负责盖楼的人说要继续盖，这下送材料的遇到问题了，没材料了怎么盖？最后的解决办法是拆了第一层的材料送上去，只要这样循环往复就可以盖 N 多层，只要速度足够快——超过了自由落体速度，还能感觉到高度在增加。读者想象一下是不是很像动画片，可笑吧，但是现实的金融市场就是这样，最终盖房子的目的已经忘了，盖房子变成了单纯地为盖而盖，盖房子这两个人认为他们盖了 N 多层，付出了相应的劳动与时间，而从现实角度看房子却只有三层，而且没法用了，因为它飘起来离开了基础。当这两个人干不动了，这个房子一定会落到地上来，摔个粉碎，并砸坏很多人和东西。

这个比喻看上去是个笑话，但如果和金融危机对照一下可能就不那么可笑了。金融市场最重要的功能就是资本标价功能，这种功能与其他市场没什么两样，像蔬菜市场有蔬菜标价功能一样容易理解，但是有一个问题就是标价功能其实与交易总量没有必然联系，比如，某种蔬菜定价一个货币单位每千克，市场上这种蔬菜的总量是 1000 千克，总值就是 1000 个货币单位，但是如果只成交了 100 千克，那成交总值就是 100 个货币单位，剩余的坏掉就没有价值了，为什么要举这个例子呢？我们再回到金融市场，金融市场的标价功能在很长时间里反应的是全部标的物的总价值——市值，这就使金融市场天然拥有一个很大的基数（这个基数代表着货币资本的吸附能力），也是信用的起点。而金融精英们又延伸了金融市场的标价功能——再标价功能，而且为了使再标价功能有吸引力，又给再标价功能合并了倍率计算方法，什么意思呢？

例如，A 和 B 两群人在比赛，而比赛的结果关系到 C 和 D 两群人的利益，这是标价功能，但是其他人比如 E 和 F 两群人不在 C 和 D 这两群人之中，怎么参与到 C 和 D 两群人的利益变化中来呢？再建立一种关系使 E 和 F 两群人的利益变化与 C 和 D 两群人的利益变化关联，这就是再标价，怎么吸引 E 和 F 两群人来呢？

E 和 F 不是可以和 C 和 D 合并吗？标价与再标价吸引力不同，A 和 B 的比赛结果与 C 和 D 的利益变化关联关系是 1∶1，C 和 D 的利益变化与 E 和 F 的利益变化的关联关系是 1∶5，这样可以无限再标价下去，这其实完成了一个经济发展里的难题——资本增长无上限，如果不管控资本总量，那就解决了“最后超出需求部分到哪里去？”的问题，同时解决了失锚货币不断增加和人为通胀造成的货币（最终转化为资本）不断增加的问题，看上去是解决了问题，但实际上是积累和放大了问题，为金融市场最终脱离实体经济并总量远大于实体经济需要的合理体量找到了方法，也就为金融危机种下了种子，而标价功能作为信用起点同时也就创造了货币，这也为金融危机种下了种子，如果一个种子长出来的是一棵草，那无数种子长出来的就是草原，所以金融危机一旦出现就是毁灭性的。

第三章　经济周期的产生与周期内结构

从这里开始就有些好看了，终于和现实联系到一起了，前面讲过要从根本上解决问题，就必须探源，要知道产生问题的根本原因。

不同的人不同的书，不同的理论只要是研究经济问题的无一例外地会谈到经济周期问题，但是分割周期的依据各有不同，所以周期长短各有不同，理解角度不同所以提出来的周期产生的原因也不同。

前面笔者讲过，对于观点的评判没有对错，笔者更希望用认同与不认同来评判，不同的观点放在不同的地方都有它出现的道理。

对经济周期产生的原因做分析阐明是本书的主要目的，重中之重，前面的一切准备都是为了这一章，而这一章又是后面所有章书的立足点；经济周期有两个对立的类型，短缺型经济周期和过剩型经济周期，发生在工业革命以前的都是短缺型而工业革命以后的是过剩型，我们这里说的经济周期指过剩型。

在平衡经济学的理想状态里经济发展是平稳有序的，准确阐明经济周期产生的原因，也就能通过对根源的修正使经济周期不再出现，使平衡经济学理论被广泛认可。“朝闻道夕死可矣”，只要还活着，知道就不晚，遗憾的是我们对这一轮危机已经无法阻止，还记得笔者说的紧迫感吧，问题就在这里，大家已经身处于一个新的周期之中，而且笔者坚信 2020 年世界经济已经进入新周期最危险区间——危机期中段，你看到的一切“最坏”都只是个开始，最坏的远没有到来。

（一）经济周期产生的主要原因

1. 经济周期的组成

为了分析起来更清晰，我们把平时说的经济周期细分一下，它由三个主要子周期叠加构成，这三个子周期之间存在着一个合理的距离，当这个合理距离被打破时，社会经济运行就会出现运行方向问题，极限的例子就是经济危机发生前，实际上三个子周期已经达到了重合，如图 3–1 所示。

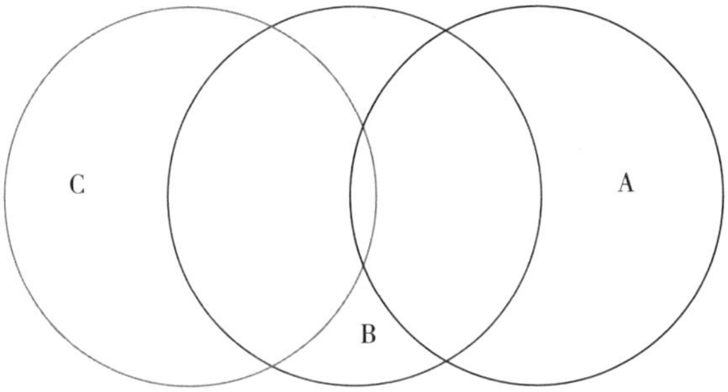

图 3–1　经济周期的三个子周期

A. 资本运行周期（投资）

B. 供需运行周期（商品）

C. 人力成本运行周期（人力成本）

如图 3–1 所示，经济周期由三个叠加子周期：A 资本运行周期、B 供需运行周期、C 人力成本运行周期共同构成，其中 A 是前导，B 是显现，C 是跟随。这是根据其变化顺序分割开的，其中 A 是造成周期的主因，但是如果不观察经济数据变化，一般人是不容易感觉到的；B 是显现部分，可以直接从市场和社会变化方面看到，一般情况下如果没有特殊指明，经济周期指的是这一部分的时间分割点；C 是跟随，为什么要把它分离出来呢？因为经济生活的主要目的是使社会生活水平提高，而且前面我们讲过了，人力成本上升是一切成本上升的原动力，把显现的时间分割点作为经济周期的时间分割点时，前导的时间点先于显现，而跟随的时间点滞后于显现。我想到这里就足以解释为什么先有货币投放后有经济繁荣，而工资总是没有物价跑得快了。

我们后面讲的经济周期也是以供需运行周期即显现周期为时间分割点的。

2. 经济周期产生的原因

前面在讲供给和需求时讲过，总供给的弹性部分是没有上限的（这也是马克思的无限增长理论，关于马克思的理论后面会写，这里先讲周期），而总需求的弹性部分是有上限的，所以总供给和总需求存在着天然的剪刀差，以供需平衡为起点不断地发展下去（资本积累与再投资），当剪刀差大到一定程度时，资本整体利润下降甚至转负，于是资本出现灭失，而这种资本灭失本身是良性的，肯定是落后的灭失掉，而且对总供给过剩没有修正作用，最多是使资本整体利润率有微小的改善。但是，这种灭失对需求的影响是巨大的，落后资本实际上占用了相对多的人力资源，落后资本的灭失造成失业明显上升进而使相对需求不足变得更加显著，造成更多的资本灭失，改善了供给，当供给和需求重新达到平衡时，就完成了一个经济周期。

这是无干扰情况下的经济周期发展过程，实际上就是供给围绕着需求的波动反复，甚至可以看作是良性的修正，并不可怕。然而，由于有了各类货币及经济政策的参与，有了金融市场的过度助力，这种供给围绕着需求的波动被明显放大，于是经济周期变得非常可怕，从单纯的实体经济波动变成了金融与实体叠加的周期波动，尤其是危机期的破坏力越来越强，甚至达到毁灭性影响。

随着社会经济总量的不断增加，经济周期也越来越长。

（二）经济周期内结构

既然叫周期，就必然是循环的，经济周期就是一个平衡——不平衡——平衡——不平衡……的循环。

离我们最近的，也是经济与平等贸易全球化以来唯一的一个完整周期是 1929—2008 年，也就是从大萧条开始到金融海啸之前。

1. 周期内结构的划分

笔者根据供需变化，把一个完整周期分为四个不同时期：危机期、恢复期、平衡期、滞期，因为是紧密相连的，所以并不容易按严格的数学方法来划分，而且宏观经济问题本身就是个多渠道数据组合分析问题，是模糊的，所以读者不必过于追求分割点的具体位置，本书结合 1929–2008 年时间周期来分析周期内结构构成，读者可以在理解理论之后按自己认为更合理的方法再分割，这不影响对本书内容的理解。

为了能尽量精细地反应经济运行的变化，又把一个时期分成三段：前段、中段、后段。

既然是个循环，我们就把它画成一个圆来分割，如图 3–2 所示。

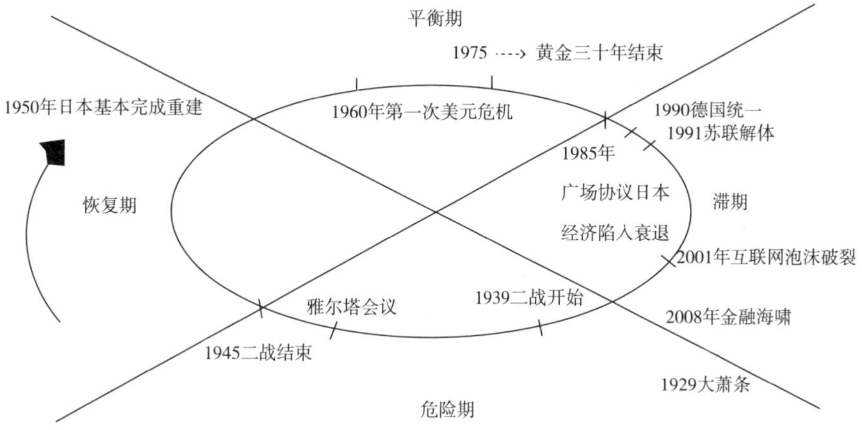

图 3–2　1929—2008 年完整样本周期分割

世界经济因各种原因存在着发展速度上的明显差异，所以在讲整体时，一般选择有代表性的事例，而时间分割点也遵从这一习惯，使用代表事件的时间来进行说明，至于各经济体的个例，读者可以参照关键事件及关键事件时间点出现的原因重新分析，本书的分割点只为说明道理。

2. 周期内不同时期的经济运行

因为是一个循环被从某一点断开作为起点，所以读者很可能刚开始找不着头绪，但如果把整个循环看完，然后贯穿起来理解，其实非常简单清晰。

2.1 危机期经济运行特点

周期就是个轮回，该来的终究会来，一切的努力主观的也好，非主观的也好，对于结果来说已经不重要了，都是有意无意地在催生周期中危机期的到来。危机期是整个经济周期中最悲惨的时期，尤其危机期中段，人口数量和结构巨变，大量资本灭失，全人类多少年的积累化为乌有，大的体系都是具有自我修正能力的，死法有多少种不重要，结果只有一个，经济在运行中自身修正了那些人为创造的错误，“几家欢喜几家愁”，再坏的事也有人受益，但是对于绝大多数人来说，世界是悲惨的，对于整个经济社会来说，“瘦身”是全方位的。

（1）危机期前期

危机期前期和滞期后期是有明确分界点的，那就是一次足以震动世界的金融危机，为了不影响整体结构，我们先用一个单独的部分来分析一下金融危机——平衡经济学认为，在经济发展中，实体经济占主导地位，而金融市场的规模与结构必须适应实体经济的规模和结构。

大家还记得那个盖房子的比喻吗？那只是个简版，能大概讲清楚意思，实际情况要复杂得多。金融危机产生有多方面的原因，但其中最主要的问题就是金融市场的体量远超实体经济的负荷能力，在整个经济生活中占绝对主导地位，滞期的应对经济放缓的所有政策叠加起来，使金融市场膨胀加速，而作为金融市场基础的实体经济是下行的。如果两者是完全分离的，那金融市场行为和任何一款复杂的虚拟游戏没什么区别，可以随便搞多大都可以。但因为有了信用，金融市场和实体经济就紧密联系到一起了，信用本身是经济生活中的重要组成部分，在一个周期的不同时期，起着不同的作用，是供需双方弥补自己资金不足的有效方法。信用实际上是一种对承诺的完成能力，信用的主要使用方式是抵押贷款。在滞期信用被需求方大量使用，用以弥补需求能力的不足，本身信用的使用者是能够预见自己的完成能力的，但是在货币政策造就了高通胀的情况下，由于信用使用者对经济减速预见不明确，必然出现信用违约，当整个社会经济处在高信用状态下时，一旦经济减速，那么金融市场的体量相对于实体经济的不合理将再次被规模性放大，而在金融市场里不同的信用关系是有着紧密联系的，在这种情况下哪怕是一个微小的信用违约都会引发整个金融市场的崩塌，金融危机就发生了。画个图应该更容易理解，如图 3–3 所示：一棵树的根部代表实体经济，树干代表信用，而树冠代表金融市场，树根和树冠在自然界里等大，是符合规律的，在金融市场与实体经济之间存在着一个合理

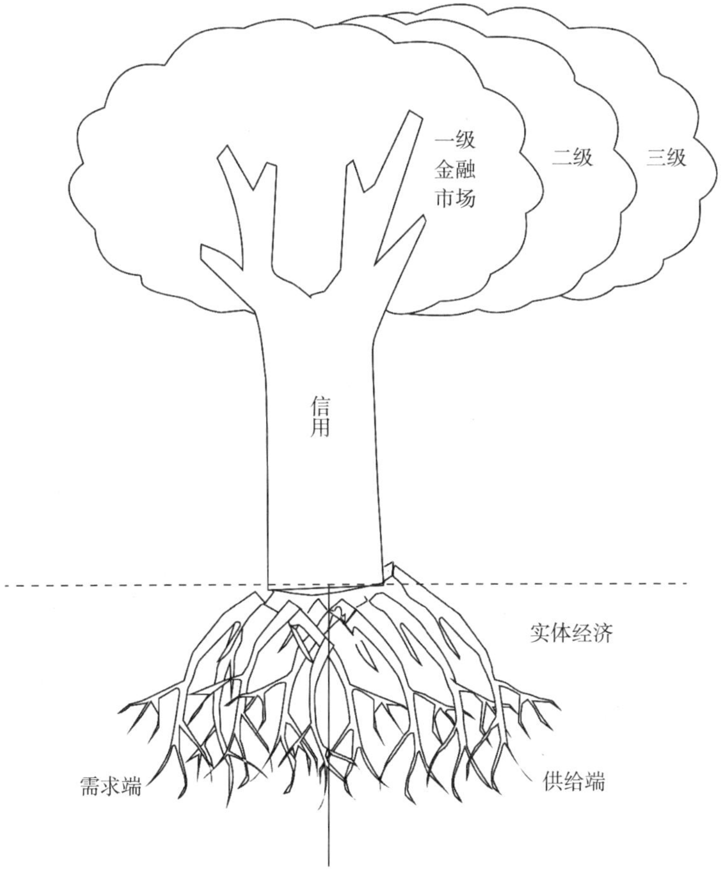

图 3–3　金融危机的产生

的比例关系（到底是多少需要大量统计和计算），我们把符合比例关系的部分叫作一级金融市场，在危机期的前期通过不断的货币政策刺激（通胀）金融市场从合理的一级金融市场已经被放大到了不合理的 N 级，而连接金融市场与实体经济的信用却因实体经济发展放缓不但不能有效放大，甚至面临缩小的情况，那肯定不足以承载巨大的不合理的 N 级金融市场，所以一个微小的信用问题都能触发信用崩塌，产生金融危机。

信用的使用在经济周期的不同时期里有不同的使用者，在危机期为了弥补需求的不足和应对经济发展放缓问题，信用被供需双方同时大量使用，实际是一种金融助力的过度信用膨胀。

金融市场的主要构成主体有两个：一个是溢出资本，另一个是货币投放。在危机期前期，实体经济全面转向不盈利没有溢出，为了维持金融市场的稳定（体量不变甚至增速不变）就需要更多的货币投放，所以货币政策无限宽松是西方绝大多数经济学家认为必须的措施。

平衡期后期的金融市场快速壮大是首先由溢出资本快速增加造成的，而金融市场要保持流动，在其壮大后必须放松监管以寻求保持相对的流动速度。随着实体减速发展，使用的货币政策接力了资本溢出，维持着资本市场的体量及增速，直至产生金融危机。这是个简略的金融危机形成过程。

危机期的前期，平衡经济学关注的人口问题和滞期的后期基本无明显数量变化，只是结构不合理的问题继续加剧，带来的问题触目皆是，在总人口中占比已经很不合理的劳动人口，又被劳动教育再进行一次不合理的分化，结构性不合理更明显，实体经济全面进入劳动力缺乏，而金融及其相关行业随着本身规模的扩大，本应表现为劳动力不足，但实际情况却刚好相反，人满为患，一职难求。这种劳动力资源的错配无疑最终影响整体经济结构的健康，实体经济滞后的劳动力成本周期使企业劳动力运行成本上升，但整个社会表现为收入下行，传导到消费端造成消费下滑。

前面讲过，资本运行周期作为经济周期的前导周期存在，在危机期的前期资本几乎已经找不到可投入的实体经济，实在无处可投，所有行业一致性产能过剩，而由于金融危机已经造成了大量金融资本灭失，金融资产明显价格下行，于是大部分本应投入实体的资本再一次被金融吸附了，金融市场尤其是资本市场上，实体强豪的名字不断闪现，不断买入，为了拯救金融危机给市场上注入大量货币，使钱空前便宜，资金不足就转而借贷。

因为金融危机只发生在金融层面，所以对实体经济的产出影响不大。总供给相对于总需求的严重过剩并没有得到改善，因为人口数量和滞期后期相比并没有明显变化，所以总需求的刚性部分并没有明显变化，供给过剩更明显的表现在总需求的弹性部分（供给端为了降低成本而采取的任何技术更新实际上都是提高了单位时间的生产效率，结果使供给加速过剩超过平衡期后期）。虽然再投资停滞叠加金融危机冲击使供给增速明显减慢甚至停止或阶段性下行，但是生产是持续的，过剩在不断叠加，总供给曲线在高位开始走平或波动，供给端尤其是弹性供给部分的生产者生存环境进一步恶化，多数行业由微利转向亏损，而大量积压的库存迫使生产者开始大量使用信用以对冲库存对流动性的占用。

在弹性需求方面，恶化更加明显，首先是劳动力分配不合理带来的就业困难，再加上金融危机直接灭失掉的金融资本内蕴含的就业机会也同步灭失掉了，造成行业性失业，进而影响了弹性需求，其次就是始于滞期的需求端信用叠加实际上已经透支了未来需求，在经济减速情况下，弹性需求端随着收入的降低，使得已经被数字固定下来的既往信用使用在总财富中占比被动上升。危机期前期的既往信用使用在总财富中占比被动上升问题：既往的信用使用作为债务以数字形式固定下来。经济危机发生之后，大量的金融资本灭失，市场出现了再标价，金融危机前标价是100的财富，在金融危机后标价一定低于100，因为流动性总量下降了。这里假定是60，那么100对应的债务如果是80，比值是4/5，小于1说明财富是正值，金融危机后，60对应债务同样是80，那么比值变成了4/3，大于1说明财富变为负值，先不说潜在违约的问题，金融危机直接的冲击造成总收入下降，财富再标价又造成了财富总量下降，而债务是固定不变的。

这不仅影响了弹性需求能力（分期还债），更影响了弹性需求的心理预期，使需求在预期方面转向负面，在这种情况下弹性需求下滑开始加速，而这种需求下滑的加速又造成弹性供给过剩的程度被动放大。

“屋漏偏逢连夜雨”，在弹性供给过剩加剧，生产者生存环境严重恶化的同时，经济周期的第三个子周期——人力成本周期逐渐因前两个周期的运行减速而追赶上来了。一个奇怪的现象产生了，虽然工作越来越不好找，但是工人工资开始增加，这无疑成为压垮生产者的致命稻草，因为生产者已经没有能力再承受成本抬升了，于是开始有实体经济的倒闭潮，这看上去对供给产生很大影响。的确，产出是有所减少，然而在这个时期倒闭的绝大多数是行业利润低，生产效率低的生产者，这部分生产者在整个社会经济活动中所处的角色是承担就业比增加产出更重要，他们的倒闭只能让高效率的生产者喘息一下，并不能改变过剩的供给，反而因为就业承载力下降传递给消费，变成消费下行加速。

从产业角度看，在这一时期，作为第一产业的农业由于其自身存在周期短，资本容量小的特性，而且主要产品对应需求刚性部分，所以感受并不明显，叠加滞期工业溢出资本进入后的农业工业化持续投入，农业的感觉反而很好。工业就复杂得多了，头部企业因生产效率高市场占有率大，资本总量大等自身优势，迅速填补了倒闭企业空出的市场份额，体量还在不断增大，但是问题已经出现了，由于行业性不盈利或低盈利，头部企业虽然资本总量在扩大，但是利润比例是随行业利润下降的，这无疑积聚了企业风险，更有一些前期过于激进于资本扩张而财务抗风险能力差的头部企业自身开始出现问题，头部企业之间的竞争进入白热化，对流动资本的渴望达到了空前的高度，偏偏由于金融危机造成的金融资本灭失和由金融危机引发的监管趋严，使这个时期社会流动资本不像想象得那么充裕了，所以转嫁流动性需求成为必然，产业链中间企业生存状况明显恶化，低盈利或不盈利的同时，还要面临更激烈的市场争夺并承担头部企业对流动性需求的转嫁，经营状况差的产业链中间企业开始退出，而这种退出不仅加重了失业对需求弹性的传导，同时也在金融信用环节造成了很大影响，从而引发了更严格的市场监管，低效能的产业链末端企业一般都是小微企业，早就无法生存，关门大吉了。第三产业由本质上是由于弹性需求升级才发展起来的，所以弹性需求下滑最先表现在第三产业，那生存状态和质量便出现了下滑。

在经济周期的增长段，需求和供给在产业中延伸都是由一而二，由二而三的，那么在经济周期的下滑段，原路退回再正常不过。

危机期的前段是政府政策出台最密集时段，货币政策和财政政策并用，可以说是拳打脚踢的全武行，目的只有一个——保住经济总量，短时期看虽然有效，但效率递减，从长期看不过就是一种政策挣扎。

金融出了问题，说明放松金融监管是不可行的（后面会写到在资本从实体大量溢出的平衡期后期和滞期，资本对监管有明确的放松要求），新的监管政策不断趋严，于是很多以前不是问题的事现在也成了问题，但这些问题再多也不是根本问题，因为要解决的第一问题不是监管，而是怎样使金融危机造成的断崖式金融资产灭失（主要是流动性灭失）得以恢复，最直接的方法显然就是注入流动性，流动性注入的本质是使经济生活重新回到原来的价格体系中，这显然已经不是个简单的问题。

什么事只要干得足够大，就有话语权，闯祸也一样，金融危机最终要经济体来收拾烂摊子，政客和经济学家空前的忙，各种政策不断出台，监管方面的、流动性方面的、国际体系方面的，等等，政客的所有方法都要有一个经济学的合理解释，政策与理论要相呼应。

流动性的注入虽然耗费了大量的经济体财力与信用，但是短期看效果是明显的，金融危机造成的冲击很快在金融层面得以恢复，但是作为根源的弹性供需剪刀差并没有解决，甚至随着弹性需求的下滑还在放大，各经济体为了解决这一根源问题，必然在保住自己内部市场的同时尽可能多地去侵占别人的市场，这造成经济体之间斗争加剧，甚至有重置国际秩序的要求。

大家看一下这一时期的弹性供给和弹性需求曲线的变化，如图 3–4

所示。

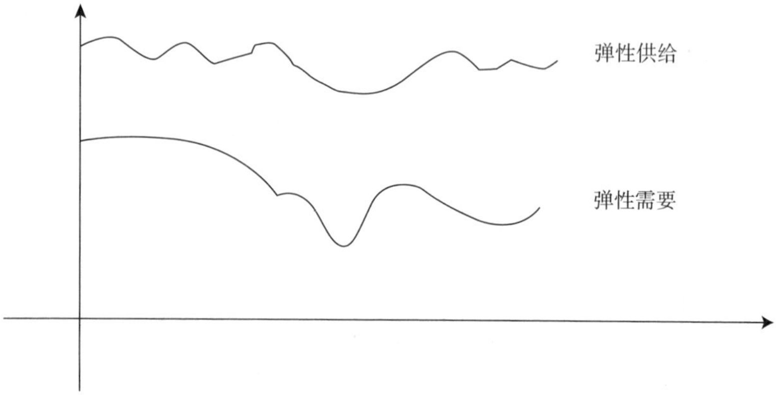

图 3–4　危机期前期的弹性供给与弹性需求曲线变化

从金融角度看金融危机得到了控制，但是从弹性供给和弹性需求的角度看问题还在变得更严重，所以金融危机是整个危机期的开始。

（2）危机期中段

危机期中段无疑是整个周期中最惨烈的一段，真正的危机终于来了——人口重置，一切经济活动的本质目的都是促进人类社会的发展，所以从本质上修正经济错误一定要有人口重置，方法可以有很多种，疾病、灾难乃至战争，疾病或灾难到来时，给人类社会一块很好的“遮羞布”，不至于显露人性丑恶的一面，但是无论是否有遮羞布，人口修正都必须进行，历史上多是通过战争来实现的。当然，一个大体系的修正不太可能通过单一的方法实现，所以大多数修正都是复合存在的，人口修正不仅修正了人口数量，同时也修正了人口结构，这是整个危机期最痛苦的一段，因为痛苦又感觉很漫长，原来的悲观情绪彻底被恐惧代替，也因而使正常的生产与生活链条被打破，链条上的任何一个环节出问题最终都会造成链条的断裂，而经济与社会生活中的任何一个链条断裂最终又都表现为资本灭失。

人口修正最明显的表现就是人口大量灭失，又因为人口是社会生产的源资本，同时又是消费的终端，人口的灭失使资本的灭失直达源头，这个冲击是整个人类社会所不能承受的，于是整个人类社会开始转为应对人口灭失问题，但是一切都是徒劳的，不管付出多大的努力，最后结果还是必须完成人口灭失，一切的努力只能延长时间，不能改变结果，而且时间拉的越长，整个人类社会的消耗越大。

在危机期中段人口出现比例性灭失，这个比例数值会因不同灭失方式而略有不同，但整体上看，不同方式完成的灭失比例差距不大。这个可以计算，虽然一次取样不够精度，但至少可以给我们指引一个方向，有兴趣大家可以算一下二战开始到二战结束，世界总人口下降了多少个百分点，因为数据来源不同肯定结果有差异，笔者因为没有可靠数据用来计算，就不在这里用自己的计算结果误导大家了。这种规模的人口灭失，在整个周期中是仅见的；社会原有的运行节奏被直接打破，社会保障系统接近瘫痪，饥饿，政治动荡，内乱甚至各经济体之间的争端最终发展成战争。

为了应对和抵抗人口灭失，社会投资一致转向到这一领域，然而遗憾的是，整个社会尤其是经济体自身，在危机期前段消耗了过多的能力，现在已经捉襟见肘了。要保住人口，没能力只能再举债，向别人借，向自己的未来借，最终没有绝对控制能力的资本不断灭失，而有绝对控制能力的经济体最终转向超发货币，因为根本没有其他办法，只能寄希望于货币超发。但是很遗憾，在这一时期货币超发也失效了，因为货币的循环链条断了，再多的货币也循环不起来。

因为资本转向保人口，供给曲线的弹性部分直线坠落，转向慢的，没有后续再投入，只能直接破产——灭失掉，大量的弹性供给灭失，在危机期前段，快速下行的弹性需求曲线终于被直线坠落的弹性供给曲线向下穿透并越走越远，剪刀差逆转为弹性供给越来越不足，社会表现就是通胀，因为只有货币而没有了货币对应的产品，也许到这里大家才会发现，货币如果失去了货只剩下币，那它就是一张印了图案的纸，需要重新考虑一下，货币是不是真的具有贮藏功能了。

从产业角度看，最安全的第一产业虽然是链条最短的，但是由于前期进入的工业资本本身灭失，使已经走向工业化的第一产业停在了工业化的路上，停滞带来的问题是需要产业重置，所以第一产业也没能躲过冲击，而第一产业又是刚性需求对应的刚性供给，所以重置带来的冲击是巨大的，几乎是不能承受的，这又持续加剧了人口灭失，经济体必须放下一切工作先来保住第一产业，有人保，活得难受一点，至少不会死，而作为第二产业的工业就没法看了，在危机期前期剩下的本已是为数不多的头部企业，但是奈何剧情变化太快，购并带来市场份额的扩大，这个喜悦后面紧随而来就是人口灭失的大冲击，几乎是“喜悦的笑容还在嘴角，痛苦的泪水已经流出眼角”。除了转向对抗人口灭失和制造人口灭失的资本可以存活，其余不相关的一律灭失，但这种灭失是渐进的，这又出现了一个新问题，由于前期的购并是通过信用借助金融的，所以渐进的工业资本灭失造成信用的崩溃，进而必然是金融资本的灭失，中小企业基本死光了，现在轮到跨国资本灭失了，而且工业资本与金融资本的双重灭失必然冲击固有的国际规则，国际规则也必然重置。

作为经济体的管理者——政府，其政策重点也必然完全转变方向，全力应对人口重置的问题，但是不管政策怎么定，核心的问题是干事需要花钱，也只有老办法——债务和通胀，至于什么规则、国际秩序之类的统统没有时间管了，借得来就借，借不来就“抢”，战争是明抢，通胀是暗抢，能暗抢首先暗抢，毕竟抢不是什么光彩的事。

在这个时期所有行业无一向好，社会各阶层的人都生活在恐惧与焦虑之中，民众睁开眼要做的事就是填饱肚子保住命，政治家开始怀疑人生，经济学家开始怀疑自己的理论，只有时间是不变的、向前的，也正是因为时间的向前，一切问题最终都能被解决。

危机期的中段是对前一周期积累的一切错误的一次集中修正，过度的信用、泛滥的资本、超发的和本已无实物对应而应灭失的货币……全部清理一遍，而且矫枉过正严重，清零一直清到负值，那么这个修正的终极目的是什么呢？——是为了打破原有的社会价格体系。经济社会中存在着一套完整的价格体系，这个价格体系是无处不在的，我们前面讲过的一个周期中运行速度不同的三个子周期即资本周期、商品周期和人力成本周期是在同一个价格体系中的，财政政策与货币政策的任何一个错误，都会通过市场的标价效应来影响并改变这一价格体系。在整个经济周期中，价格体系是不断被推高的（影响因素很多，最主要的是错误的货币理解带来的货币行为），而价格体系的走高最终结果是上移刚性需求与弹性需求的分割线，进而不断压缩总需求的弹性部分，所以价格体系高到一定程度必须打破重建。

危机期中期的供需曲线波动极其剧烈，由于人口灭失，生产资本灭失，金融资本灭失是同时出现的，所以由总人口决定的刚性需求和由消费能力与偏好决定的弹性需求同时下行，叠加表现为总需求曲线快速下行，而总供给下行得更快，因为生产资本与金融资本在灭失时相互推动助力，所以危机期中期的供需曲线是图 3–5 这样一个形态。

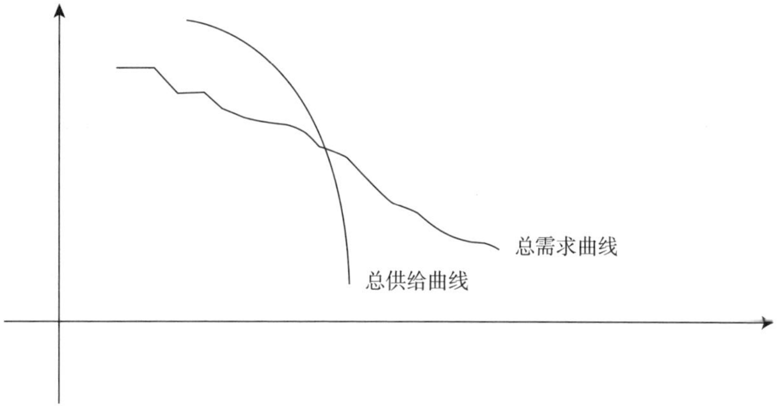

图 3–5　危机期中期的供需曲线

几乎所有人都会问同一个问题："危机期的中期大约需要多长时间能过去？"很遗憾，这个由重置方式决定，不同的重置方式需要的时间相差太远，无法准确计算，不过有一个方向可以作为指导就是人口重置速度，因为人口重置是所有重置的关键。

（3）危机期后段

危机期后段极其短暂，经历了前段的金融动荡和中段的全方位重置，实在没时间可浪费了，整个人类社会的绝大部分重置已经完成了。

首先是人口灭失基本结束了，后续的小问题虽然还时有发生，但是结构与规模化的灭失已经结束，社会总人口在一个新的水平线上趋于稳定，人的恐惧已经转变成麻木，所以小的问题根本不再构成思想冲击了，活下来的都是好样的，该干点更重要的事了。

对于整个人类社会来说，最重要的事就是填饱肚子，既然人口灭失已经结束了，那么必须马上调整投资方向，从对抗人口灭失转向解决温饱。农业之所以成为第一产业，笔者个人认为是因为人要活着就必须吃饭，所以把生产粮食放在第一位，有一句经典台词说：“面包会有的，一切都会有的！”什么意思？就是说：“现在没有面包，现在什么都没有！”可以设想一下这是个什么状态，危机期后期面临的就是这种状态。

从供需曲线上看，危机期后期因为人口再次趋于稳定，而且刚性需求已经在总需求中占绝对主导地位，所以总需求在一个低位开始走平，而总供给在资本灭失完成之后也不再下行了，所以也开始走平，只是比总需求更低，在刚性需求主导总需求的情况下，这种形态很容易体现的一个问题就是整个人类社会的刚性需求得不到满足，生存艰难。

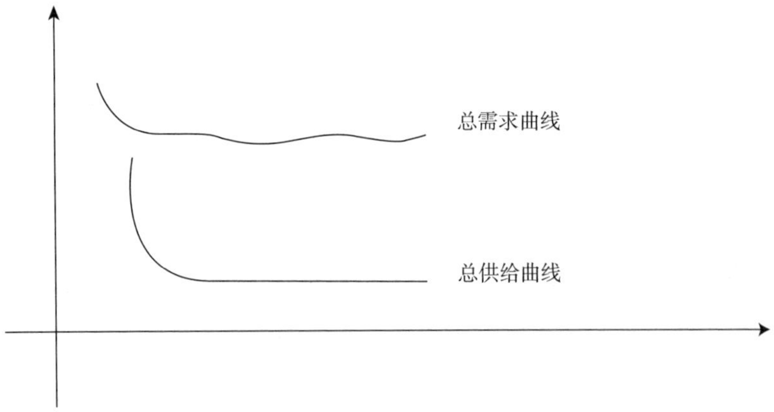

图 3–6　危险期后期的供需曲线

这个时期很显然是什么都缺，但是最缺的是定价机制，由于原有价格体系已经被完全打破，那么市场的标价效应就无法跨领域传递，又由于社会经济总量变化太大，原有的一切标价方法都无法使用了，所以必须重构价格体系。前面说过——劳动力是一切生产的源资本，那就必须先给劳动力标价，货币由于价格体系打破之后在各领域的存在数量无法统计，而且并不确定整个社会不同经济体之间在整体重置时的变化情况。所以，最有效的标价方法也就是最原始的标价方法，直接用生活必需品即刚性需求商品给劳动力标价，比如工作一个小时挣取多少食品，在这个基础上向外扩展，使价格体系得以重建。虽然原始一点但总比混乱好，至少在第一产业内这些已经足够支持生产活动了。

在价格体系结构成型之后马上就出现了第二个问题，就是怎么让这个体系结构扩展到整个人类社会？

于是就发现还需要一套新的经济理论，为什么必须是新的？因为老的经济理论已经被危机证明是错的，已经没有“信徒”了（新的并不一定正确，但是只要新，就有可能确立）。

在危机期后期，为了给以后的发展做准备，需要重新分配资源，这在经济体之间的表现就是重建国际秩序框架以便使新的价格体系跨经济体运行，所以无限多的会晤与谈判，无限多的讨价还价，贯穿了整个危机期的后期，而经济体内部在新的价格体系下已经开始新的运转了。危机期的后期通过重置使一切都变得真实了，社会资本在灭失后所剩无几，经济体自身财力也大多枯竭甚至转负，所以可投资本有限，仅有的可投资本必须集中到满足生活刚性需求上来，因为长久的刚性供给不足必将诱发新的人口重置，人类社会已经承受不起新的重置了。

这时的劳动力成本回归到一个极低水平，并成为新周期整体价格体系的基础，这一点非常重要也很容易理解——劳动为了生存，所以劳动所得必须能保证生存，这是定价底线。

第一产业在混乱中开始快速复苏，二三产业由于没有投资与足够的消费支持几乎是停顿了。市场由于供给不足，不需要再分割了，任何一个规则虽然看上去是公平的，其实都是强者给弱者制定的，国际规则更是如此。

新的国际规则不管遵循什么经济理论都必须达到强者的满意，这个事政治家比经济学家擅长！

经济体自身的政策，投资全部转向保人口，因为任何一种社会制度都是需要足够的人口来支持的，而整个世界已经再也经不起人口重置的打击了。举债是经济体自身能使用的最大政策工具，通过不同类型的举债来尽可能地满足本经济体的需求。

危机期后期对未来经济影响最深远的是通过新的价格体系重启了一个新的信用周期，以前的所有金融繁荣和由此带来的信用延伸都因重置不在了，留下来的只有问题，问题可以慢慢解决，新的信用周期必须开始。如果读者还记得我讲金融与信用比喻的那棵树，那就容易理解了，危机期后期的人类经济生活就是一棵刚出土的小苗，树是不断生长的，要从这棵小树苗长成一棵大树，第一需要时间，第二需要管理。

但是不管需要什么，现在这棵小苗为了以后的茁壮生长要有足够的根，所以在危机期后期，原有的信用体系因价格体系的重置已经一片狼藉，在这片狼藉中长出来的是一棵新的小苗，在这个时期社会仅能提供的一点信用是被树的根部——生产企业使用的，用以快速扩充产能以满足刚性需求，这显然是良性的。

整个危机期的三个阶段是为了完成一个问题——重置人类社会，我们把三个阶段的供需曲线连起来，如图 3-7、3-8 所示：

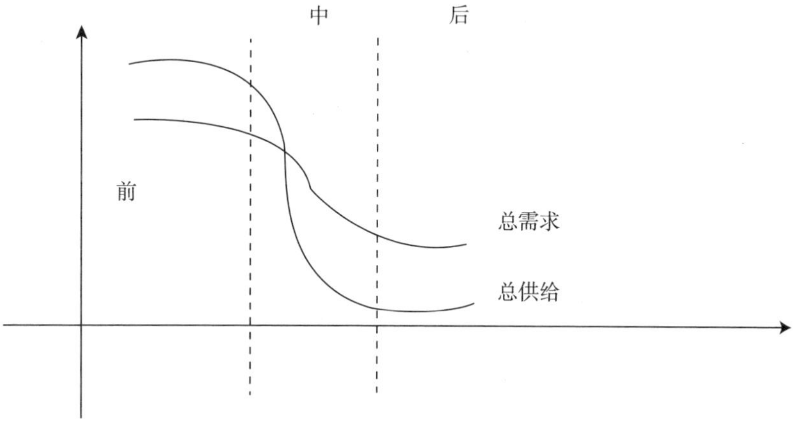

图 3–7　危机期遥三个阶段的供需曲线图

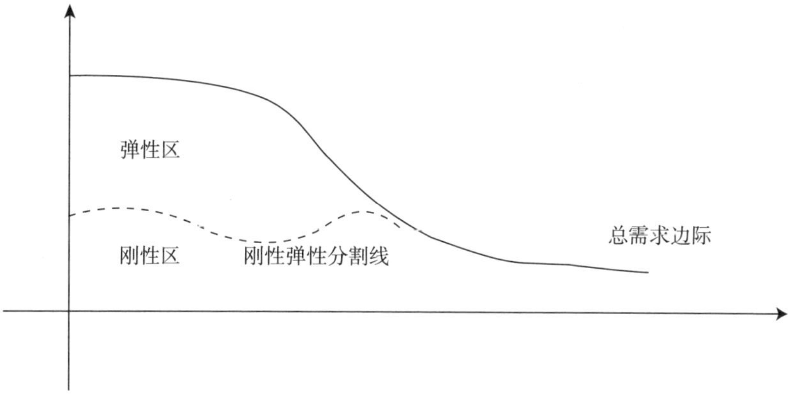

图 3–8　危机期总需求的刚性与弹性分割线变化

波动趋于平稳，供给过剩被彻底扭转为供给不足。很显然，重置已经完成了。

以史为鉴，人类历史上有无数个周期，但是由于资料记录与经济区域分割的问题，留下来的有效数据很少，又由于在工业革命之前的人类社会生活中，占主导地位的经济活动都是满足人类刚性需求的生产，所以周期短且区域化明显。如果读者有兴趣可以看看神话故事或小说，笔者认为什么书都有用，关键是读者从哪个角度去看。古今中外绝大多数的英雄、忠烈都出现在游牧民族与农耕民族的战争中，或出现在游牧民族之间的杀伐中，为什么是这样呢？你可以理解成历史上每一次英雄辈出的时期都是区域经济的危机期，都是人口修正期，打仗一定要死人，尤其在冷兵器时代，打仗就能抢到刚性需求物资，游牧民族打农耕民族因为粮食，游牧民族之间的战争因为牲畜，当人口多到一定程度时，自身产出不足以养活区域内人口，就必须打仗，打赢了就抢到了物资，消耗了人口，打输了虽然没抢到物资，但是消耗了更多人口，最终都是把人口问题解决了。不管谁打谁，不管谁输谁赢，最后都是解决了刚性需求与刚性供给之间的矛盾。那为什么古时候战争很频繁呢？其实就是刚性供需之间弹性太小，供需差容忍度有限。经济周期也会随着经济发展，经济区域越来越大，人口数量越来越多，世界经济总量越来越大等条件而变化，从而出现周期越来越长的特点。在 1929 年大萧条开始到 2008 年美国金融海啸前这一个周期里，从 1929 年大萧条开始到 1945 年二战结束，可以看作一个完整的危机期，大萧条到二战开始前是危机期的前期，对这一时间的文献描述和影像资料都很多，虽然立场不同，但是对美国政府在危机应对的过程描述基本相同。关于笔者对危机期前期的描述，我记得刘鹤先生主编了一本《两次全球大危机的比较与研究》里面数据充足，喜欢数据的读者可以买一本看看。而从 1939 年第二次世界大战开始，到 1945 年的雅尔塔会议，可以看作是危机期中期，对第二次世界大战的描述更多过对大萧条的描述，小说，史实解密，电影……都可以看，其实不管什么形式的表达，都告诉大家一个事实，日子很艰苦，死了太多人。而雅尔塔会议到二战结束，可以看成危机期的后期，雅尔塔会议以及后来的雅尔塔体系实际上形成了二战以后的世界新经济和政治格局，是一个新规则的框架，包括后期的其他世界性协议和联合国后来增加的分支机构，实际上都可以看作是对这一框架的补充与完善。当然从历史的角度看，时间很难绝对准确，笔者认为道理准确比时间准确更重要。

2.2 恢复期经济运行特点

“不破不立”，恢复期才真正是一个新的开始，但是恢复期首先要结束危机期的余震。由于区域间经济与政治的差别，本身危机期后期各区域经历的时间长短已经不同，所以恢复期的起始点和时长也不同，为了更容易理解，我们还是选有代表性和共识性的讲。由于危机期修正经济的过度，这个新的开始很艰难，说一切从头再来一点都不过分，新总有新的好处，一切从头再来，也就没了以前经济社会的所有错误和错误的积累，一切变得无限的真实，新的经济学理论给人们思想里重建了一个新的发展框架，这是针对极少数人尤其是政治家的，对于绝大多数人来说意义远没有食物重要——没有人吃理论，它也不能当饭吃。总需求和总供给的变化引发了一次新的，而且是必须主动寻找供需平衡的过程，供给过剩可以接受，而供给不足是不能承受的，尤其是刚性供给不足。

其实，还有一个问题在危机期并没有得到充分解决——货币。弹性供给的生产资本灭失殆尽，而且灭失是无序的，不光灭失了资本，还灭失了再创造部分的叠加投资的实物表达，而且一个大的体系矫枉必然过正，也就是说灭失总量要远远大于危机开始前的过剩总量，但是由于货币本身与实物没有一个对应关系（货币发行量的依据是利率和汇率），所以货币灭失量与生产资本的灭失量比例不对应，要远小于生产资本的灭失量。由于流通体系被打破了，货币只是停止了流动，积存在不同的地方，并没有灭失，就像一条断流的河，虽然没有了流动性，但是每一段河里都还存着水，当新的水到来，整条河开始流动时，这些水会再参与流动，结果就只有一个——造成通胀。

恢复期经济生活的主要特点是支持社会供给体系重建和资源重新配置，由于供给体系重建的速度本身跟不上需求的消耗，再加上为重建供给体系新投放的货币激活了原本存在只是停止流动的货币，所以通胀是恢复期最主要的特征。但这种通胀可以看作是良性的，是真的因为少而贵。在这一时期，通胀有一个明显趋势变化，就是随着供给改善而明显下行，而通胀的下行基本上是和刚性供给能力（曲线）上行同步的，当刚性供给与刚性需求达到平衡时（曲线交叉），恢复期就结束了，而在整个周期中，这里也形成了通胀的低点。

（1）恢复期前期

恢复期前期从经济角度看和危机期后期不存在明确分割点，不像滞期后期和危机期前期分割那么明确。

首先是人口在经历了危机期后期的灭失明显减速之后，基本已经触底，多数经济体人口数量已经有了缓慢恢复和回升，而且为了生存，所有的结构不合理已经都不表现了，劳动人口的年龄几乎无限制，能干得动的都参与劳动。没办法，需要干的活太多！如果年龄都不是问题了，那知识结构更不是问题。

而人口的恢复使刚性需求不断增加，虽然是微小增加，但是也足以对体量更微小的刚性供给能力形成巨大压力，所以必须延续危机期后期的恢复方向——农业，社会所有资本加上经济体的新投入资本一致致力于农业快速恢复，作为第一产业的农业是一个短链条、短周期产业，恢复和循环起来相对容易，加之人口数量比危机期前期下降了很多，而且人们的心理预期也已经明显降低，所以吃饭问题还是容易解决的，一两个气候周期就能得到明显改善，这已经基本完成了恢复期前期的主要目的——农业恢复，而相对恢复速度较快的经济体，甚至已经开始着手工业恢复。

在恢复期前期，随着投资向农业的启动，实际上重启了经济周期的三个子周期中作为前导周期的投资周期，而这三个子周期已经在危机期中期停滞并重叠了，新的投资周期是在一个新的以劳动力价格为基础的价格体系下启动的，进而随着农业的产品产出，快速启动了第二个子周期，这样一个全新的运行周期框架基本形成了整体启动。子周期之间距离并不合理，有农业本身是短周期产业的原因，也有价格体系本身不完整的原因，但这都不重要，可以在运行中逐渐调整，能启动至少说明社会经济生活趋于正常了。

有经济必然有贸易，有贸易必然要有规则。延续危机期后期的政治和经济框架，国际规则在需求中也得到了不断细化，和危机期后期差不多，政治家很忙，一边要向新经济理论学习，一边又要在新经济理论框架下谈判。这一行为其实是贯穿整个经济周期的，政治家一直很忙，在全体政治家的共同努力下，国际关系的主要部分在恢复期前期基本得到完善。

在经济体内部，由于危机期的重置，原有的政策与制度也明显不符合恢复期的需要，更因为新经济理论的确定，原有的经济思想有太多不符合新经济理论的地方，所以也必须从需要出发，按照对新经济理论的理解重新制定或调整。恢复期的第一任务是满足刚性需求，所以经济体内部政策一致倾向于对刚性需求的支持。

在危机期已经高起的政府债务，在恢复期的前期虽然增速下降了，但总量还是不断上升的，至于通胀问题，这个时期没有时间管，也没法管了！

还有一个很重要的问题就是社会信用，原有的信用体系已经随着价格体系的崩塌而崩塌。随着新的投资周期的启动，信用体系在新的价格体系下得到重启，而且特点鲜明：一是信用体系总量极小；二是主要部分甚至是绝对地被生产端使用，主要是为了加速缓解刚性供给不足的问题——金融服务于实体经济，金融也回归了良性。

恢复期前期的供需曲线表达主要体现的是刚性供给与刚性需求的关系，弹性部分基本不存在，如图 3–9 所示：

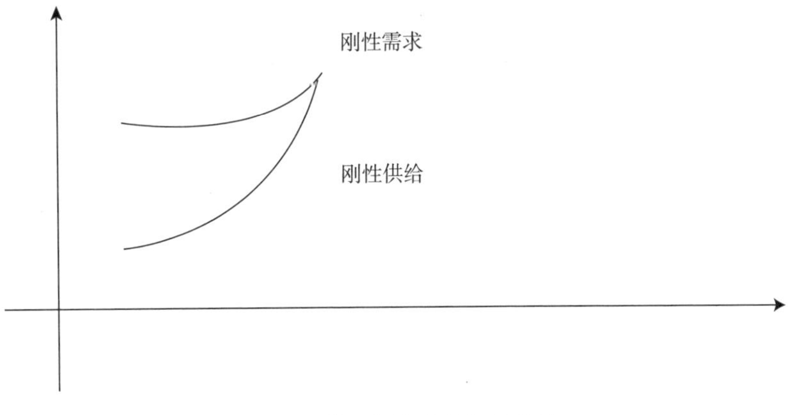

图 3–9　恢复期前期的供需曲线

刚性需求轻微上升，刚性供给快速上升并很快与刚性需求交叉，当刚性供给向上与刚性需求交叉时，恢复期的前期就结束了。

（2）恢复期中期

在恢复期前期，刚性需求已经基本得到满足，终于可以喘息一下了，接下来遇到了一个更明显的问题——劳动力明显不足。因为全方位的恢复重建需要太多人，而且固有的劳动力群体年龄和知识结构不合理的问题也逐渐显现，因此恢复期中期的一个主要特点是人口得到恢复。在这一时期的人口恢复是全社会主动努力实现的，从政治宣传到社会福利保障，全方位主动促进人口恢复，同时开始为即将恢复的人口进行结构分配做准备，教育事业得到有效发展。要指出的是，人口数量恢复相对快很多，但是结构恢复却滞后得多。虽然在恢复期中期和后期基本完成了人口数量的恢复，但是结构性恢复一直到平衡期中期才完成。这不难理解，要等新生人口长成劳动力。

人口恢复带来的第一经济表现是由人口数量决定的；在危机期后期到恢复期前期已走平或轻微上扬的刚性需求曲线出现了一次明显的加速上行，而刚性供给能力已经恢复了很多，于是通过刚性供需曲线会看到，刚性供给和刚性需求缠绕上行，如图 3-10 所示：

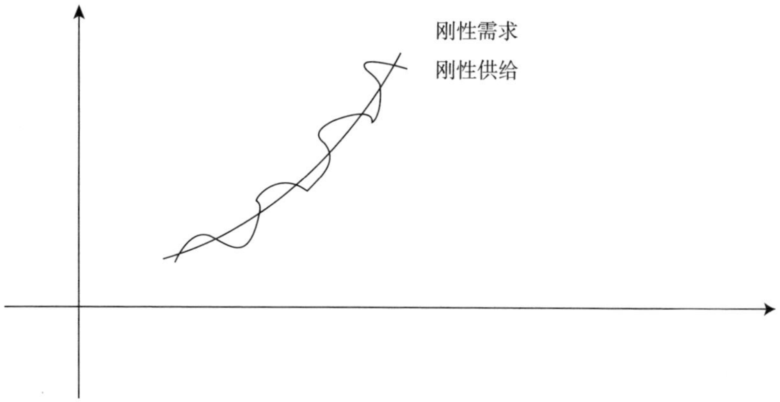

图 3-10　恢复期中期的刚性供需情况

人口的快速恢复为后面的所有经济活动打下了坚实的基础，因为人口决定消费的总量。

随着各领域恢复的全面启动，对劳动力有了结构性调整的需求，从全体为吃饭努力转变为一部分劳动力完成吃饭任务，另一部分人进入其他恢复领域，这必然带来因分工不同而收入不同的结果，这一结果使经济周期的三个子周期中的第三个成本上升周期也开始启动。因为劳动力成本是整个经济社会的成本基础，这样在恢复期中期，社会经济得到了全面启动。

前面讲刚性需求与刚性供给缠绕上行时，读者可能并没有细想后面代表的内容，直观地看是刚性供给随时能满足刚性需求，而从产业角度看说明作为第一产业的农业已经完全恢复甚至在刚性需求再一次快速上升的情况下还时有过剩出现，吃饱饭已经不是问题，而剩下的是不仅能吃饱，还要能吃好。

第一产业的供需已经基本实现平衡，剩下的是结构调整的小问题，如果资金再进入就会造成过剩，需要投资的地方还有很多，吃饱了之后还要穿暖，还要居者有其屋，还要出行，等等，于是投资开始多样化了。

在恢复期中期，经过恢复期前期的不断经济循环，社会资本已经有了一定规模，加上经济体的信贷支持，作为第二产业的工业也开始较快恢复，尤其是轻工业因为周期的相对短而得以快速恢复，这又对劳动力结构提出了新的要求，促使最后一个子周期（即劳动力成本周期）启动，而且距离前面两个子周期较远的第三个子周期人力成本周期加速前进，逐渐和前两个子周期达到一个合理距离并开始同步前进，而三个子周期达到同步前进标志着经济生活已基本恢复。

值得一提的是，由于第一产业农业是个短链条、短周期的产业，其在恢复期前期已经得到恢复，而不断的短周期循环已经出现利润积累，又由于农业对应刚性供给，受刚性需求制约，无法大规模再投入，于是部分农业资本产出开始向工业迁移，在这里出现了周期内第一次产业资本的良性迁移，这和危机期前期的工业资本回流到农业是完全不同的。

劳动力成本周期的加速前行为弹性需求创造了基础，工业的全面恢复又为弹性供给提供了条件，这样在危机期中期已经基本消失的弹性供需开始恢复，并不断扩大，而随着工业循环的加速企业利润上升带来社会投资总额开始加速上升，短周期的商品快速盈利扩产的同时，长周期的重资产领域也进入投资加速期，接近达产。

恢复期中期的弹性需求与弹性供给曲线如图 3-11 所示：

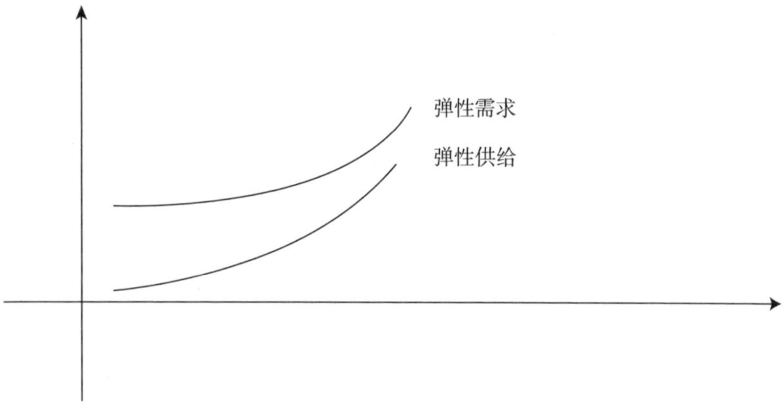

图 3-11　恢复期中期的弹性需求与弹性供给曲线

这里一定有人会问："弹性供需不是在危机期后期已经消失了吗？"对的，弹性供需确实在危机期后期已经消失了，但是消失的原因是弹性供给的消失，使弹性供需的对应关系消失了，弹性需求虽然下降到一个很低的数量级，但是并没有消失，主要原因是因为社会积存货币的存在，就是我们前面讲的那些河底停止流动的水，这表现在图 3-11 中就是弹性需求起点明显高于弹性供给起点。

工业的快速恢复又对贸易和国际规则提出了新的要求，而随着对经济体内部规则的健全及对国际贸易规则的不断完善，一个完整的维护经济运行的规则体系已经形成。

随着社会投资的加速和体量的壮大，经济体自身的投资支持行为开始逐步退出，取而代之的是经济体对社会投资的政策性诱导与约束，于是经济体自身债务总量开始不再增加，而恢复较快的经济体自身债务已经开始下降。

随着产品的丰富，以前因为商品少货币多而形成的通胀开始走平；同时开始逐渐被循环加速造成的通胀取代，因经济循环加速带来的货币流动加速造成的通胀可以视为良性通胀。

随着经济的不断循环，社会资本总量（生产资本）快速增加，为信用总量增加提供了基础，而不断扩大再生产的需求又为社会信用增加提供了需求。于是，在恢复期中期，社会总资产和总信用同时上升到一个新的高度。

恢复期中期除了通胀高一点（良性的），一切都开启了向好的模式，整个社会重拾希望，新的经济理论开始被全社会认可。

（3）恢复期后期

恢复期后期的社会经济环境处于整体向好并加速运行阶段，经过恢复期前期和中期的努力，到恢复期后期基本上已经看不到危机期的影子了，供需刚性平衡早已达成，实现了刚性供给曲线对刚性需求曲线的缠绕，刚性供给能力充足。农业产业链上的资本开始向行业下游延伸，进一步解决吃好的问题，这有可能是整个经济周期里最先出现的产业链延伸。当然，前面已经讲过，敏感的农业资本已在上一阶段外溢，而在恢复期后期，外溢更加明显，而且数量级上升明显，这说明在恢复期后期整体社会经济上升到了一个新的数量级。

首先看人口，在恢复期后期，绝对人口数量上升开始减速，经过恢复期中期的全社会共同努力，到恢复期后期总人口数量已经接近危机期前期（即人口重置前）的水平。在危机期后期面临的是人口结构不合理的问题，这个需要时间来解决，经济与社会能做的除了用教育来调整人口知识结构之外，剩下的只有让时间去解决问题。

绝对人口数量上升减速，对供需的最明确影响就是刚性需求的增速减缓，而大量的新生人口不断长大，促使教育需求扩大，直接导致了弹性需求的快速上升，促使社会经济中的弹性供给能力加速发展，大家还记得前面讲过的总需求中的刚性弹性分割线吗？在这里我们重点讲一下：弹性供给能力在危机期后期灭失殆尽，致使这条分割线基本消失了，所有需求被刚性主导，这种状态一直持续到恢复期中期。从恢复期中期开始，因为弹性供给的有效恢复，使这条分割线再一次明确出现，而到恢复期后期，随着绝对人口数上升减速，总需求中的刚性部分逐渐稳定，而随着新生人口对教育需求的快速增加，有效地提高了总需求，而且提高的是总需求中的弹性部分，使总需求的弹性部分快速上升，从图形上看就是分割线迅速移动，弹性区迅速扩大，而且这一现象一致延续到平衡期中期，虽然造成的原因不同，但从图形上看结果是相同的。

在恢复期后期随着社会经济生活的全面启动，经济生活开始有了准确的节奏，投产企业数量的上升使资本产出开始快速扩大，促使再投入上升到一个新的数量级，社会总投资规模大幅增加。这一时期的社会投资集中于第二产业——工业，扩大产能，因为弹性需求旺盛，所以弹性供给的缺口还是很明显，扩产以填补这一缺口是恢复期后期的主要任务。而从供需曲线上看，弹性需求在上方平稳上行，这是由积存货币（那些停止流动的水被完整循环的社会经济重新激活）加上劳动力成本周期（经济周期里的第三个子周期）加速前进带来的增加收入推动。而弹性供给则由低位快速上行并逐渐靠拢弹性需求（由于供需刚性部分已趋于稳定并走平，所以这里我们只分析弹性部分）如图 3–12 所示：

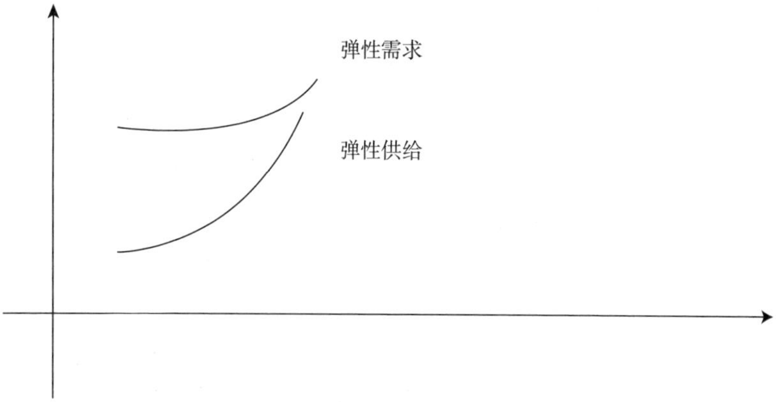

图 3–12　恢复期后期弹性供需曲线

弹性供给能力的提升带来的工业就业人口增加，改善了弹性需求端的总收入水平，而这一点进一步推动了整个社会价格体系的上行。

从产业角度看，第一产业农业发展开始减速并趋于平稳而第二产业工业得到快速发展，投产较早的短周期轻资产项目已经开始新一轮的扩产再投入，而长周期重资产的重工业也相继达产，这为社会经济的再一次快速发展奠定了坚实基础。随着第二产业恢复的基本完成，整个社会生活节奏开始加快，加上工商业活动的频繁度不断提高，对第三产业服务业的恢复有了迫切需求，于是服务业开始了恢复过程。这样在恢复期后期，一、二、三产业都相继恢复，社会生活走上了正轨。

在经济体内部制度与规则不算完善的同时，随着工业的发展，国际间贸易与合作日益频繁，这进一步推动了国际规则的完善与细化，同时因为经济活动延伸的需要，新经济理论也得到了细化和延伸。

经济体自身在恢复期中期就已经退出了经济恢复的主战场，让位于社会投资，在恢复期后期，经济活动的行列里已经没有了政府的身影，完全让位于企业，这是经济体自身的需求，更是企业的需求，经济体职能回归正常，重新回归为经济政策的制定者和市场监督者。

随着经济与贸易的不断循环，经济体自身收入开始快速增长，债务开始下降，而随着经济体量与工业产出的增加，市场上的货币开始分散，通胀则不断下行。

工业与商业的快速发展对资金的需求进一步提升，伴随着经济体量的扩大又使信用标的体量不断扩大，于是在恢复期的后期，社会信用上升到一个新的数量级，且绝大部分是被生产端和商品流通环节使用。

我们把恢复期的供需曲线完整地画出来，如图 3–13、3–14 所示：

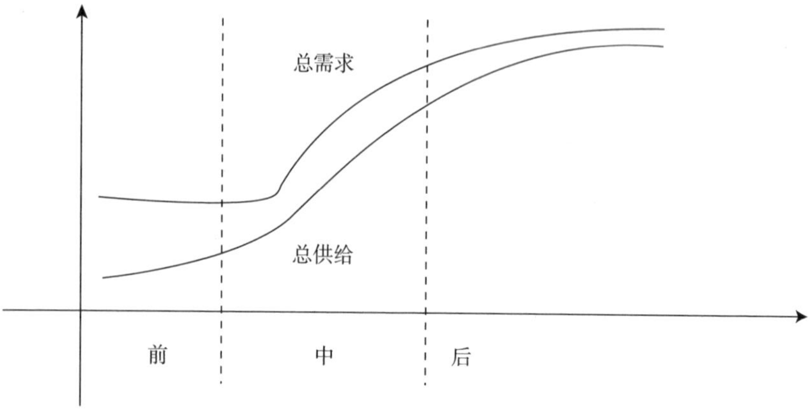

图 3–13　恢复期的三个阶段的供需曲线图

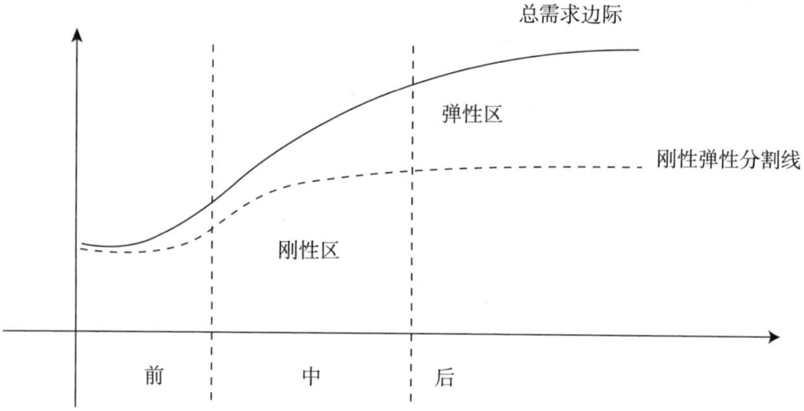

图 3–14　恢复期的三个阶段总需求刚性弹性分割线

因为供需曲线里同时包含了弹性与刚性两个部分，所以表达精度下降了，结合总需求构成曲线来看就明确了很多。整个恢复期表现为供给不足，虽然供给恢复速度很快，但是总供给曲线一直在总需求曲线下方运行，一个明显的变化是两条曲线在上升中不断靠近，而从总需求构成上看，前期和后期差别就明显了，前期刚性需求占主导地位而到了后期，刚性需求增加速度明显放缓，对上升起到推动作用的是弹性区的快速放大。

世界公认的（在 1929—2008 年这个周期里）恢复期时间最明确的是日本。在二战结束后，日本仅用了 5 年时间就完成了恢复期，并由此奠定了一个世界经济强国的基础。

2.3 平衡期

作为完整经济周期里的第三段，平衡期无疑是整个经济周期里最好的一段，也正是这最好的一段孕育了后面所有的问题。

在经过一个恢复期之后，供需差距明显缩小，恢复最早的刚性供给不仅供给能力充足，而且在平衡期已经出现过剩，弹性供给能力快速上升，社会价格体系上行。但一个好的表面下面，却发生了明显的变化，开始了由盛转衰的转变。平衡期是经济周期里实体经济体量最大而且健康的一段，而且平衡期也是金融业快速发展的一个时期，尤其在中后期，金融体量快速增长，这当然有经济内在的原因。

（1）平衡期前期

平衡期前期在整个大周期中是最具有活力和希望的一段，没有哪一段能像平衡期前期这样让所有人兴奋了，不断向好的经济数据，不断快速增长的社会经济体量和不断提高的生活水平，足以让经济学家坚信自己的理论无比正确，足以让政治家坚信自己的施政最完美，足以让平民坚信明天会更美好。

先看人口，经历了恢复期中期的主动性恢复，和恢复期后期的惯性人口数量增长，到平衡期前期，主动性刺激人口增长的政策已相继退出，人口数量在一个较高水平恢复了自然发展，绝对数量增长已经极不明显，人口在数量上基本进入一个平衡状态。与人口数量相比，人口结构在这个时期的变化更为显著，一方面是恢复期中较早的主动增长人口已经成为劳动人口，另一方面是快速发展的社会经济及时吸纳了这些新增劳动人口（在这一时期劳动人口是缺乏的），这样工业劳动人口快速增长，这又使得社会平均劳动成本快速上升进而不断推高了社会价格体系。社会平均劳动成本的上升对消费的影响是积极的，有效拓展了总需求边际，又因为人口数量稳定带来的刚性需求稳定，所以拓展的总需求边际给弹性需求的拓展打开了空间。

随着经济的快速循环，社会资本的平均盈利不断上行，而作为第一产业的农业，由于供给已经到达需求上限，总量扩充已经不太可能了，为了跟上资本平均盈利水平，农业开始了结构性调整。首先是伴随着参与生产的个体数量的减少，剩余生产的个体规模不断扩大，规模化有效地降低了生产成本，使产业资本利润率得到保证。其次是机械化水平的提高，这不仅是规模化的需要，也是进一步降低成本的需求。因为快速发展的工业在不断推升劳动力成本，这样对第一产业形成了挤压，实际上是一种劳动力争夺，而且这种争夺是农业自身无法抵抗的，因为需求的上限已经基本确定了第一产业的总量，而工业的总量上限还远没有出现，劳动力成本还在不断上升。前面我们讲过，社会价格基点是由农业恢复中的劳动力与刚性需求产品的对应关系确定的，笔者认为一个产业适应不了其确定的价格基点以及后来的变化，说明这个变化本身有问题，远不是经济学观点上说的，是社会进步造成的。

这里我们着重讲一下刚性供需曲线，因为到了平衡期前期，刚性供需曲线我们需要画成两种形式：总产品数量型和总产品价格型，因为人口增长已经恢复了自然状态，致使人口数量阶段性的明确上升基本被自然延续代替，所以绝对刚性商品的数量型消耗已经没有明确变化，如图 3–15 所示：

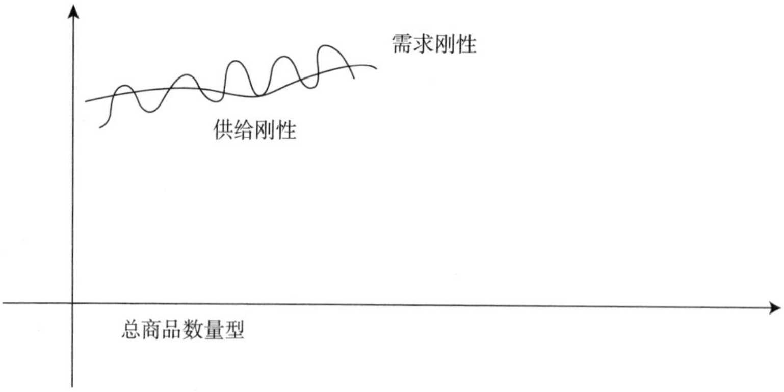

图 3–15　平衡期前期的总商品数量型刚性需求与供给

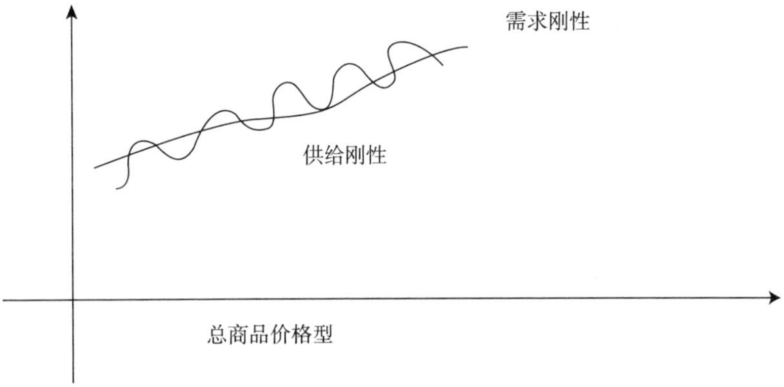

图 3–16　平衡期中期的总商品价格型刚性需求与供给

而通过图 3–16 我们可以明确地看到刚性需求的向上趋势，总数量不增长，但是总价格增长有明显趋势，这样画可以更好地帮助读者理解社会总体价格体系的上行趋势，实际上弹性供需也可以这样区别开画图，这在平衡期后期和滞期可以更好地表达货币因素对价格的影响带来的价格上升即通胀。

平衡期前期的第二产业工业进入了黄金时期，因为社会整体还处于供给不足状态，在旺盛的需求推动下，整个经济社会进入快速运行状态。轻工业随着扩产投资的达产，供应能力快速上升，产能上升开始推动企业利润加速积累，而重工业进入到了扩产期，工业总量的增加推动社会经济总量的快速增加，而且随着供需差距的缩小，通胀得到明显改善，快速积累的企业利润迅速替代了工业资本中的信用部分，这在指标上表现为高增长，低通胀，低信用使用的完美经济运行状态。快速上升的企业利润不仅替代了信用使用，同时加快了投资进度，轻工业优势企业从初始点开始向上下游延伸，以获得更多利润并确定自己的龙头地位，这实际上是一种资本溢出行为，说明初始点再投资的利润开始下降，边际出现了，也就是供需平衡点接近了，而整个产业链上还存在着供给不足的环节，重工业进入再投资扩产期，重工业的长链条、重资产属性决定了平衡期前期的投资快速增长。

高速运转的社会经济生活促使分工细化，第三产业服务业在需求的推动下开始了快速启动，有效地促进了新的就业，进而提升了社会总需求。世界经济总量的快速上升必然推动国际贸易的总量上升，这对国际规则中的许多空白点提出了填补要求，促使国际贸易体系进一步健全并细化。在整体社会处于供给不足的前提下，贸易优势明确在商品一端，而由于产业链的延伸，国际规则里有了一项明显的新内容——资本贸易（这里顺便说一下，平衡经济学认为投资也是一种贸易行为，其总额应当计入当期贸易总额合并计算，这和现有经济学理论里的资本贸易的概念及计算方法有所不同）。不同经济体之间本身存在着资本充足程度的差异，资本的流动特性使其能自动寻找充足程度低的洼地，以实现利润最大化，这是资本的特性。国际规则只需要替他创造一个合法的渠道，资本贸易相对于商品贸易是一次贸易理念的提升，必然要求有对应的国际规则方面的理念提升与之匹配。

由于平衡期前期的社会总供给是相对不足的，所以经济体内部政策和国际规则表达一致倾向于促进生产与贸易，在贸易体量快速增长与企业利润快速增长的前提下，经济体自身经济状况快速改善，伴随着经济体债务水平大幅下降的另一个明显变化是被生产企业大量使用的社会信用大幅下降，更明确了企业的向好趋势。

平衡期前期的弹性供需曲线走势也说明了社会经济向好，如图 3-17 所示：

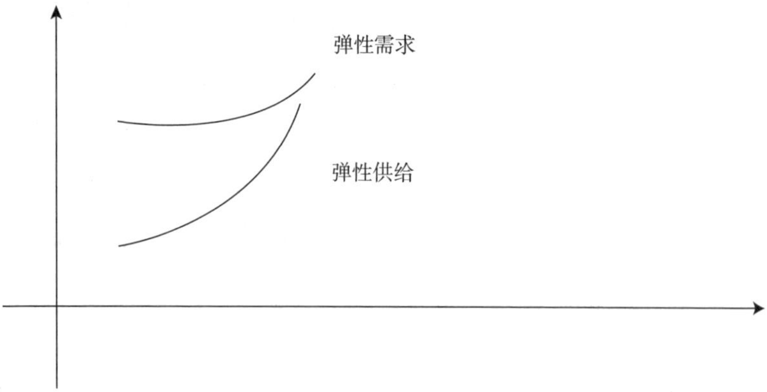

图 3-17　平衡期前期的弹性供需曲线

平衡期前期弹性供给曲线以更快的速度上行并逐渐接近了上行的弹性需求曲线。

（2）平衡期中期

平衡期中期是整个经济周期里的一个具有划时代意义的经济高点，这一点正好和危机期中期对应，是整个经济增长从生产型增长转入货币型增长的一个分水岭，而这个分水岭就是供给曲线对需求曲线的穿越，也就是供给相对于需求转入全面过剩。

首先看人口，平衡期中期的人口在数量上延续了平衡期前期的自然发展状态，但是人口结构却有了更明显的变化。恢复期的主动性人口增长集中增加了新生人口，他们在平衡期中期逐步发展成劳动人口，这有效地改善了社会劳动人口不足的问题，同时提升了总人口中劳动人口的占比，而且这一变化明显大于平衡期前期，另一方面随着社会经济改善带来的教育改善，又使新增劳动人口质量快速提升，质量的提升无疑会推动价格提升，这使整个社会价格体系继续被推高。人口结构的改善叠加就业充分和劳动力价格上升，使平衡期中期总需求能力出现了一次快速上升，即边际拓展，而与平衡期前期一样，实际上这一次拓展还是由弹性拓展来完成的。由于这一次的劳动人口快速增加是建立在恢复期人口主动恢复的基础上的，所以后续的劳动人口增加是达不到这一速度的，也就是说最优人口结构已经出现了，那么对应的总需求边际也就出现了。从这里以后的需求边际上升更多地是受货币因素影响，类似我们在平衡期前期中讲到过的刚性供需边际的数量型表达（无趋势），而价格型表达（有明确向上的趋势），平衡期中期以后的弹性需求与供给在数量型表达时已无明显趋势，但是在价格型表达时还是有明显的向上趋势的，这一趋势形成既有价格体系整体上升因素又有货币因素，而且越向后货币因素越多，为了更容易理解重点，本书中的曲线表达基本上都是数量型表达，尽可能地过滤掉了很多干扰因素，因为数量是最基础的。

我们再来看一下这一时期的第一产业农业。在经历了平衡期前期社会整体资本利润率快速上行之后，到平衡期中期资本利润率进入一个平衡期。（需求边际出现之后，实际限定了合理的社会经济总量边际，越过了合理社会经济总量边际的资本再投入因过剩致使利润转为下降）。看起来好像平衡期前期的农业所面临的问题被经济发展自身解决了，但结果并不是这样。虽然资本利润率的问题解决了，但是影响农业的另一个重要因素—劳动力成本的问题加剧了。平衡期中期的劳动力价格已经远高于平衡期前期，加上教育对劳动力在产业中分配起到的先导作用（相同劳动力成本前提下劳动者意识上更倾向于第二、第三产业就业），使第一产业农业已经不能通过自身的一个循环来维持生存，而且越是发达经济体这一现象越明显，经济体从自身的发展角度讲是不希望农业通过产品涨价来解决产业生存问题的，因为农业产品涨价会直接传递到劳动力价格端，使社会总体的劳动力价格过快上升而伤及其他产业，既不能涨价又不能没有，那要让这个产业生存只有经济体兜底了，于是农业在平衡期中期进入了补贴时代。

我们在这里多说几句，贸易争端中经常讲的产业扶持造成倾销问题，造成了经济体之间的同类企业成本差异，这种说法笔者是不认同的。实际上实施了农业补贴的经济体通过控制农产品价格进而控制了劳动力价格，实现了对经济体内所有企业的扶持，这对于无农业补贴或补贴比例低的所有其他经济体形成了全方位的倾销，只不过表现相对隐蔽，不容易被发现而已。又由于整个周期里各经济体之间的发展存在着速度差异，越是发达经济体，农业越早进入补贴时代，实际形成了一种通过控制劳动力成本来完成的对发达程度较低的经济体的全方位产业挤压。

平衡期中期的第二产业工业进入全盛时期，新增劳动人口既彻底解决了劳动力不足问题，同时又把快速增长的工资收入迅速转化为需求，使工业活动总量快速循环并增加，新增企业收入使工业的不同产业链相继达到完整并饱和，饱和后的资本只能选择新的战场，信用使用也被自有资本替代，大量资本开始从产业链外溢，实际上在平衡期中期，社会上已经找不到太多的产业资本洼地，结果就变成越来越多的流动资本寻找出口，社会上到处都是钱。这从侧面说明一个问题：投资增速开始转降了，前面说过投资周期是经济周期三个子周期中的第一个，它的增速转降势必会破坏三个子周期之间的运行节奏，造成三个子周期的距离改变。从这里开始的距离转变是一种减速型改变，就好像三个人排队向前走，肯定是第一个先走，当和第二个人达到一定距离时，第二个人开始走，而第二个人和第三个人达到一定距离时第三个人开始走，而整个队伍要持续加速，必须是从第一个人开始持续加速，然后依次持续加速，而当第一个人加速开始减慢时，整个队伍必然开始依次加速减慢，这样队形才能保持。这个加速减慢用物理学里的加速度概念去理解就是加速度值开始下降，这个时候队伍前进的绝对速度还是上升的，就是上升的速度在下降。

平衡期中期的第三产业服务业正经历着第二产业在平衡期前期的发展过程——一个黄金时期。第三产业本质上看是供给弹性部分的一次边际扩张，第二产业提供的弹性供给已经达到平衡，社会资本开辟了一块全新的战场，充足的社会资本和劳动力供给使第三产业在总量增长速度上表现惊人，而第三产业加入弹性供给之后迅速提升了弹性供给总量，加速了弹性能力引领的供给曲线对需求曲线的上穿。

第三产业的高速发展又催生了一个全新的贸易类型——服务贸易，这需要新的国际规则内容来保障，国际规则再一次被拓展。

在平衡期中期，由于大量的社会资本开始寻找新的载体，在迅速提升第三产业总量的同时，还启动了一个沉寂已久的市场——无公允标价市场。这个市场主要以艺术品和古董为主要代表，这是一个优秀的货币吸附手段，与之伴行的还有金融业的多样化起步。

平衡期中期是经济体自身生存状态最好的时期，快速增长的企业利润总量和贸易总量，使经济体的财政收入大幅上升，而平衡期中期的社会又是整个经济周期中最稳定的，所有人忙着自己的事情，整个社会像一台自动化运转的机器，根本不需要经济体干预，所以这一时期经济体自身高收入低支出，且极少出台政策与制度，是经济体自身财政积量快速上涨的一个时期。

平衡期中期的整个经济社会在资本供需，产品供需，就业岗位供需等所有角度都达到了平衡状态，所以整个社会也不需要使用太多信用，社会进入最低信用使用时期。

平衡期中期无疑是经济社会最美好的一个时期，但是多个平衡点的相继出现说明社会经济进入了饱和期，需要单独说一句的是产品供需平衡这个问题，这里出现的产品供需平衡所说的“需”是指货币表达的需求能力，而不是产品数量的需求总量，例如全社会每天需要一万个面包，但是分配出来购买面包的钱只够买九千个面包，那货币表达的需求总量就是九千个，而产品数量的需求总量是一万个，懂了这一点才能懂后面要讲的货币政策问题。

平衡期中期的供需曲线如图 3-18 所示：

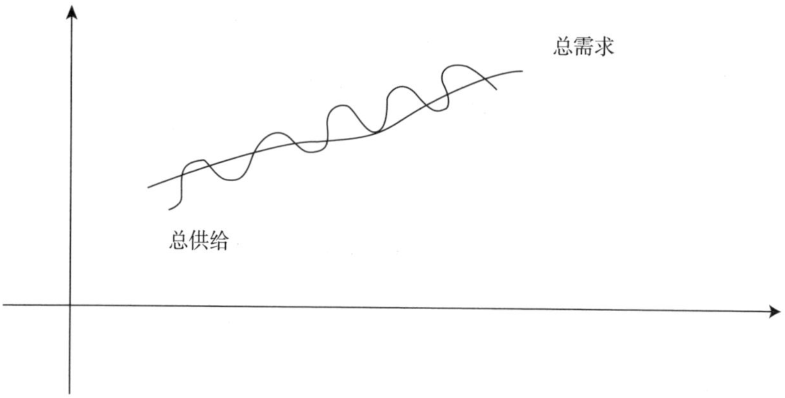

图 3–18　平衡期中期的供需曲线

总供给在平衡期中期上穿了总需求并缠绕上行，总需求开始趋平。

（3）平衡期后期

平衡期后段从社会繁荣角度看进入了鼎盛时期，但是从社会经济角度看已经显露疲态，为了抵消经济疲态，全社会开始了多角度的探索，这可以理解成资本对新战场的寻找。

平衡期后段的人口延续了平衡期中段的自然平稳发展，从数量上看变化不大，但是结构变化还是很显著的，一个明显的问题就是在平衡期中期经历了劳动人口快速增长之后，这里出现了劳动人口增长不足的问题，这对生产本身影响不大，因为劳动力供需平衡在平衡期中期已经出现了，但是对消费的影响很大，尤其是消费的增速开始快速下降。前面我们讲过，劳动力成本是社会价格体系的基础，劳动力成本随着经济发展的上升推动了社会价格体系的上升，这有一个自然上升速度而且新增劳动人口的减少推动了劳动成本的上升，也必然加速了社会价格体系的上升，再从劳动人口的年龄分段看，显示出一个显著高于其前后数量的劳动人口群在向高龄运行，社会老龄化已经走得很近了。还记得前面讲人口时说的在允许的情况下人口多比少好吗？其实多就代表着缓冲空间大，应对任何运行体系问题都是需要足够的缓冲空间的，否则只能硬着陆，应对人口老龄化也是这样。

人口数量的稳定在刚性需求的表达上就是数量稳定，所以刚性需求延续着平稳，这对于第一产业农业不是个好消息，需求总量不增长，则产业总体量不增长，加上不断上升的劳动力成本，使农业资本比平衡期中期生存更艰难，资本流出时有发生，保住农业的唯一办法是加大补贴力度，使农业里的资本达到社会平均的资本收益率，农业资本自身也努力进行刚性供给升级，深度加工的多样化产品开始大幅增加，但是所有努力最终结果都是在争夺市场，因为市场总量没有增加，变化的方法只能重分市场比例，有企业大了，就必然有企业萎缩了，过剩的供给能力达到了一个新高度。

第二产业工业在这一时期也已经感觉到了冷意，产能过剩持续带来不可避免的资本利润整体下降，而持续上升的劳动力成本对企业利润再一次形成挤压，在双重挤压下，第二产业工业开始走农业在平衡期前期的发展道路，一方面扩大个体规模，一方面提高技术水平，扩大个体规模可以降低单位数量产品的产出成本，而提高技术水平是为了提高单位时间内的产出数量，结果还是降低成本，对成本的高度重视，也足以说明利润下滑明显了。还有一种更隐形的利润挤压就是第三产业总量在弹性消费中占比的上升，在弹性消费边际固定的情况下形成了对整个第二产业的挤压。但是，由于这种挤压不针对某一特定的方向，所以没有人去考虑。扩大个体规模降成本只适合部分企业，而且这种降成本方法本身有边际，而提高技术水平降成本适合所有企业，又没有明显边际，于是社会共识统一到要提高技术水平降成本上来，形成了一种社会共识性的技术革命。技术革命永远是有意义的，即使是平衡期末期这种被动型技术革命，即因人力成本压力推动的技术革命也不例外。但是被动型技术革命虽然客观上推动了技术发展，但它主观的目的是为了在同业竞争中胜出，博弈开始明显化，有人靠手生存，也有人靠嘴生存，博弈上升到了经济学理论层面，笔者觉得就是一个在总量确定的情况下怎样得到的更多的问题，至少要得到自己认为应得的部分，否则无法生存。

刘鹤在其《两次全球大危机的比较研究》中有一个提问："为什么危机总是发生在工业技术提高之后？"我想这里的分析至少是这个提问的答案之一。

驻留在第二产业之内的资本在做被动技术革命，因为传统第二产业已经过剩，那么再投资肯定没有出路，越来越多的资本开始溢出寻找新战场，第二产业拓展开始了，成功与否要时间来检验，但至少是一条路，可以容纳一部分溢出资本。

第三产业在平衡期后期进入极盛时期，源源不断的溢出资本进入第三产业，使产业规模迅速扩张，而全社会资本对新出路的寻找和非工农业生产性就业的增加又为第三产业提供了市场需求与市场容量，还有什么问题能让第三产业不发展壮大?

市场上大量的溢出资本还迅速推升了以古董和艺术品为代表的无公允标价商品市场的繁荣。这个在平衡期中期才启动的市场在资本的推动下，快速繁荣发展的速度超过了既往一切市场。除了资本涌入的原因之外，这个市场快速繁荣的另一个原因是既有产品交易，所以其发展速度没有产能制约，也同样是这一原因造成这个市场的产品数量相对有限，在产品数量相对有限的前提下要做大市场总量，单品价格上涨是唯一途径，所以在平衡期后期无标价市场的交投迅速活跃，价格开始快速上升。

唯一在发展速度上能与无公允标价市场媲美的就是同时起步的多样化金融市场了。大量的溢出资本需要新的途径以便更快地流动并找到新的投资点，这需要不断地汇聚和分散，又由于这个时期确定的传统投资渠道里都已经资本饱和并大量溢出，所以资本需要一个容量足够大的新战场，资本市场显然能胜任这一任务。不同来源的溢出资本开始大量流向资本市场，随着资本市场体量的壮大，金融业也得到了快速壮大，当然也就需要在国际规则里细化金融方面的内容，以便促进溢出资本的跨经济体流动。平衡期后期的国际规则细化，也是国际规则最后一次扩张性细化，这个时期的国际规则体系达到了整个经济周期里最完整时期。从这里开始，以后的一切国际规则体系的改变都是走向这一体系形成的初衷——促进国际合作的反方向，即单边主义抬头。

经济体自身在平衡期末期已经开始感觉到经济减速的压力，敏感的经济体开始在制度变化上有所体现，方法有太多种了，但目的只有一个，促进消费，想以此减小有效需求不足的问题，行动方向虽然是对的，但是结果并不显著，这一时期的经济体政策都是温和的，而且经济体自身的财政基本不参与促消费行动，促消费是在意识诱导层面进行的，经济体自身财务状态还在好转，但是社会通胀已经不再走低了。

这里有一个明确能表现出社会有效需求不足的指标——信用使用变化。这里要明确一下，对于需求不足多数经济体没有明确区分，实际上需求不足在无货币因素时是真实需求能力不足，就是商品多得用不完，而有货币因素的需求不足是购买力不足，是需要但是买不起。近些年，以皮凯蒂为代表的西方经济学研究者一直试图解决的分配问题，它的深层原因实际上是个货币问题，还有比货币问题更深层的问题后面会单独讲。

消费端购买力不足的解决办法并不复杂——使用信用，这不仅提振了消费，同时也活跃了金融。信用使用从这里开始由生产端转向消费端，社会信用使用总量开始缓慢回升，信用使用实际是一种透支未来消费能力的方法，这显然不利于社会经济的平稳发展。

平衡期后期非工农业生产的经济体量在总量中占比迅速增加，这进一步加快了经济运行节奏，使全社会的心态开始随之浮躁。

我们来看一下平衡期后期的供需曲线，如图 3-19 所示：

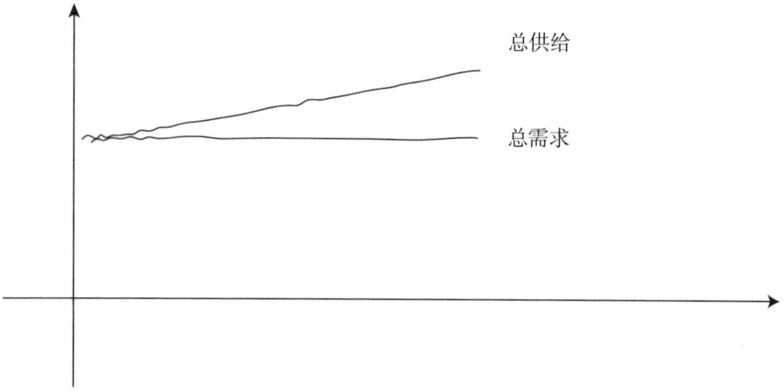

图 3-19　平衡期后期的供需曲线

因为经济生活是持续的，生产过剩也就有了积累，总需求在平衡期中期已经到达边际不再增加，所以造成供需曲线上总供给在穿越总需求后最终脱离绕缠继续走高，两者之间的距离开始增大，过剩被实质性确认了。

平衡期是整个经济周期里实体经济迅速发展时期，实体社会经济总量在这一时期达到了高点，并且彻底扭转了商品不足的问题，我们把平衡期的三个分段供需曲线连起来，如图 3—20 所示。

从图 3-20 可以很明显地看出，从前期的供给需求双升，需求在上，到中期的供给需求加速上涨后供给向上穿越了需求，再到后期的需求走平而供给减速向上，需求脱离供给。显然向上趋势能表达总量增加，而供给向上穿越需求则表示货币表达的商品由不足转为过剩。

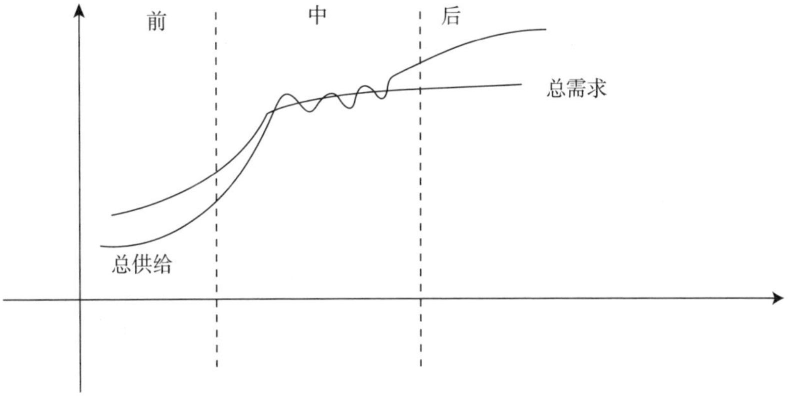

图 3–20　平衡期三个阶段的供需曲线

在 1929—2008 年这个全周期里，平衡期与滞期以及平衡期内部的三段分界是最困难的。危机期有明确的结束时间，而从恢复期开始，各经济体之间因为重置的损失与恢复期政策的不同，发展速度就开始分化，到了平衡期差距就更大了，所以准确地把不同发展速度的经济体放在同一个分段里本来就是不可能的。西方主流经济研究里有一个提法：一个以法国为样本的“黄金三十年”，对应前面供需曲线变化可以发现，“黄金三十年”的结束点应当是平衡期中期与后期的分界点——1975 年，而 1985 年的广场协议，可以看做是西方经济平衡期的结束。1960 年的第一次美元危机，从表面看是美元与黄金的比价问题，其实质是货币与商品的对应关系冲击了美元与黄金的对应关系，从一个侧面表明了商品丰富程度的提升。把这里作为平衡期前期与平衡期中期的分界，那么 1950—1960 年是平衡期前期，1960—1975 年作为平衡期中期，1975—1985 年作为平衡期后期来考察整体世界经济变化，可以大概说明一些问题，而就单独经济体而言，这个分法也适用，只是分界点的时间需要重新确定，每个分界点附近都是大政治与经济事件的高发区，这可以作为参考点的选择依据。

2.4 滞期

滞期作为完整周期里最后一段，从它所处的位置就能感觉到很无奈。任何一个处在末位的事物都已经无法改变前面已经发生的问题。

滞期存在的本质目的就是给风险积聚赢得时间，使风险大到不能解决，最终进入危机期，让经济运行来对错误进行内在修正，贯穿整个滞期的是不断走坏的各项经济指标，随之而来的是经济体为了抑制指标走坏而不断出台的各项政策，这显然是过度关注经济指标而忽视了经济运行的本质。货币表达的供给过剩与货币表达的需求不足之间的差距在滞期被不断放大，这必然带来为争夺市场而出现的贸易摩擦，摩擦实际解决不了总量上的剪刀差，最终发展成贸易战甚至是小规模军事战争，伴随经济运行的迟滞甚至倒退，整个社会情绪越来越悲观浮躁，国际局势开始恶化，资本全方位地外溢，而各领域外溢的资本以货币形式充斥在金融市场，再投入的投向错误开始使资本出现灭失，外溢资本叠加错误的经济和货币政策不断地促进了无公允标价产品市场和金融市场的繁荣，最终使金融开始脱离实体运行并不断膨胀。

（1）滞期前期

滞期前期因为承接平衡期后期，所以表现还不是很糟糕，平衡期后期的人口数量自然稳定在这里并得以延续，但是出现了一些细微的变化，社会整体的情绪浮躁和社会运行节奏的加快开始影响到生育率，新生不足的苗头开始出现，这暂时还不是一个大问题，整个社会大的人口问题在于经过了平衡期的不断积累，整个社会的科技水平、医疗水平和生活水平都有了很大提高，在这种情况下人口平均寿命快速延长，站在人类发展的角度看平均寿命延长绝对是好事，但是站在社会经济发展的角度看叠加了出生率下降的人口寿命延长就不是一个好事了。整个社会开始逐步走向老龄化，人口结构的变化直接影响到总需求的变化，老龄化的开始也就是社会活力下降的开始，于是总需求开始在滞期的前期出现轻微下降趋势。如果细分刚性和弹性，由于人口总量下降不明显，所以总需求中刚性部分的下降并不明显，明显承压的是总需求的弹性部分，总供给延续着平衡期后期的上升趋势，只是在新增产能快速萎缩的影响下上升更为缓慢，但总体还在上升。

老龄化到来加快了劳动力成本的抬升速度，这开始成为整个经济运行的一个大问题。

第一产业农业在总需求刚性部分轻微下降的情况下，总体量开始下降，而快速抬升的劳动力成本又使产业资本的成本快速上升，资本利润率再次下滑，更多的产业资本溢出去追求社会平均利润率。农业是不能没有的，所以要保住农业，留住产业资本，只有加大补贴力度，使农业资本能达到社会平均利润率，过高的补贴影响到了经济体自身的产业平衡投入比例，为了分担一些压力，经济体开始容忍农业产出品适度涨价来减小补贴压力。前面我们讲过，刚性需求产品数量与劳动力单位劳动时间的对应关系是社会价格体系的基础，农产品涨价无疑全面抬高了这一价格体系。

第二产业工业的供给过剩，在经过平衡期后期的各种努力之后到了滞期前期不仅没有好转，反而在总需求弹性开始下滑的前提下继续承压。屋漏偏逢连雨天，利润下滑的同时人力成本开始快速抬升，在这种双重挤压下产业资本利润空间迅速收窄，部分落后企业开始亏损而不得不退出市场，落后企业实际上承担着更多的就业解决功能，它们的退出直接造成就业下滑，就业下滑与弹性消费下滑相互传导，开启了经济的一个死循环，社会情绪开始转向迷茫甚至悲观，更多的资本从第二产业溢出。

在平衡期后期进入极盛的第三产业明显感受到了经济放缓的压力，创新依赖度大幅提高，开始走上了第二产业在平衡期后期的道路，规模迅速扩大以重新分割市场。

滞期的前期是一个明显的社会心理转向期，由亢奋进入浮躁，悲观苗头开始显现，社会上充斥着大量各领域外溢的资本。而浮躁本身就是金融的特性，无公允标价市场和金融市场开始加速赶顶，尤其是无公允标价商品市场，开始成为大量溢出资本的新投向。商品价格快速抬升，成为投资新宠，直接取代了一二产业里的再投资，一二产业的再投资缺失说明实体经济后劲缺失了，金融市场的繁荣程度更超越了无公允标价商品市场，它除了有大量溢出资本的支持外，还有同期经济体促消费政策的支持，又有消费端信用使用的市场容量扩大支撑和资本市场繁荣支撑，金融市场开始了快速扩大体量的过程。

滞期前期的商品市场处于货币表达的全面过剩阶段，在这个前提下贸易进入市场全面争夺阶段，国际规则的走向开始由合作促进贸易转向自身市场保护和外围市场争夺，国际贸易开始转向收缩，但由于是一个转向期，所以争夺并不激烈，国际规则和平衡期后期相比，没有明显变化，更多的转变停留在心理层面。

经济体自身已明确感受到经济停滞带来的压力，开始有实际的促经济政策登场，这已明显不同于平衡期后期的消费诱导，在不断加大消费诱导的同时，开始有大量的政策来支持经济发展，比较直接的是产业扶持政策与新的消费点培育。其实，产业扶持政策就是定向的货币政策支持和税收政策支持，主要是领域性改变企业生存环境，客观上看有利于补齐产业短板作用，但是放在一个宏观角度看，短板行业的出现是多原因造成的，实际上是整个经济体系里存在着多重使其成为短板的因素，内在因素不解决，只是直接扶持短板行业，短时间看是有效的，尤其是对投资诱导是有效的，但长期看一定是破坏了整体的平衡结构，不仅揠苗助长且殃及池鱼，对经济的整体运行有百害而无一利，而新的消费点培育就是拆了东墙补西墙，因为消费的总量上限已经不再增大了。

滞期前期的一系列政策对经济体自身的经济状况的直接影响是收入减少而支出增加，经济体自身的财务状况开始停止好转甚至转坏。

政策作用的另一个表现是直接影响社会通胀水平，在金融市场上大量资本以货币形式存在的前提下又叠加了经济体政策带来的新生货币，社会通胀开始了上行趋势。

滞期的前期到来最明确的标志是社会信用使用的变化，社会信用的使用经历了从恢复期开启的主要被生产端使用到平衡期中期的总量下降，再到平衡期后期的被消费端占用，到了滞期前期，消费端的信用使用不断增量的同时，由于整个社会的周转速度下降，生产端资本平均周转率也开始下降，为了填补资本周转率下降的缺口，信用又开始被生产端使用，这是一个明显的非良性变化。在生产端和消费端同时增加信用使用的状态下，整个社会的信用使用体量开始明显上升，我们讲过信用使用实际使用的是经济社会远期的发展能力，简单地说就是在向未来借用发展能力，信用使用向生产端回流进一步说明了货币表达的供给严重大于需求，过剩持续并上升到了一个新的高度。

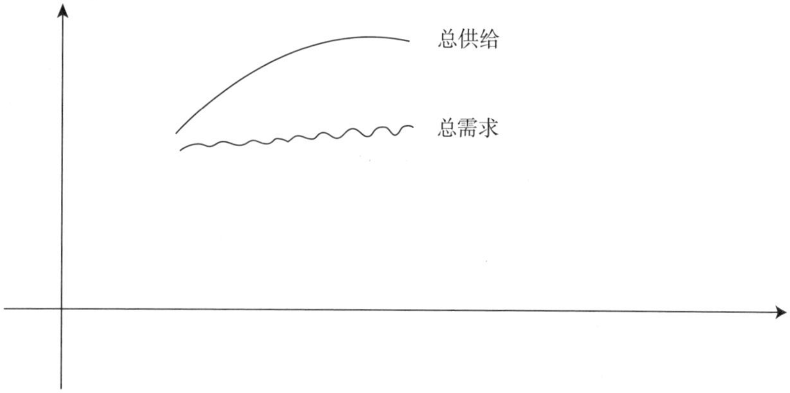

图 3–21　滞期前期的供需曲线

在滞期前期的供需曲线上可以明确看出这一现象，总需求基本是没边际平走，总供给上升明显减速，但两者的距离是不断增大的。

针对于 1929–2008 这个完整周期来分拆，滞期的前期是从 1985 年广场协议到 1991 年的苏联解体。在这段时间里，主要经济体的经济发展纷纷减速甚至衰退，尤其是苏联的解体，政权形式的改变说明市场争夺已经上升到了所有制层面，完全开启了一个新的量级，苏联解体当然还有深层原因，这个我们后面会单独写。

（2）滞期中期

滞期中期是整个经济周期里大混乱的开始，随着经济停滞的明确，整个社会的心理由浮躁开始转向悲观，一边是金融的火爆，一边是实体经济的渐冷，资源错配与经济体政策频繁出台，使整个经济社会因失去方向而进入混乱。

首先看人口，经济发展到滞期的中期人口问题开始变得极其复杂，在社会结构方面，随着经济的不断发展，整个社会生活节奏不断加快，文化与教育水平也不断提高，使意识层面在生活中表达比例上升——各种人权思想，再加上收入增加速度跟不上消费需求等问题越来越突出，诸多原因合力之下，生育率开始加速下降，部分发展较早的经济体已经开始了人口负增长，而恢复期前期因主动性人口恢复造成的明显高于其前后的人口高峰已经开始进入劳动退出年龄，老龄化问题成为整个世界共同的问题。

人口问题的另一个方面，劳动力分配问题也变得显著，随着金融业的繁荣和新经济增长点探索的深入，新生人口在教育层面就开始被多样化分流，这不仅使劳动力紧张问题加剧，同时也大幅推高了劳动成本。

滞期中期混乱的根源到底是什么呢？我们看一下经济周期的三个子周期的运行状态就清楚了。首先被看作先导周期的投资周期，由于货币表达的供给过剩在滞期前期已经出现，所以各行业利润纷纷下降，实体投资锐减，而到了滞期中期随着最后的生产性投资达产过剩再度加剧，整个社会失去生产性投资的生存空间，生产性投资几乎完全消失了，先导周期处于停滞状态，这其实就是滞期这个名字的由来。我们前面讲过三个子周期需要一个距离并由先导周期带领，整个社会经济运行才能平衡有序，现在队伍的前面停了，而商品运行周期在最后的投资达产助力下当然还有弹性需求萎缩的顶推，运行还在加速走向过剩，而作为跟随周期的人力成本周期因劳动人口错配以及老龄化和新经济增长点创造的工作岗位的金融特性，开始加速前行。一个分成前、中、后三段的队伍，在运行过程中前部逐渐停了下来，而中后部还在加速前进，最终的结果可想而知，队形乱成一团。乱就一定会出错，乱本身就是错的，对比恢复期可以看出一个是从混乱到有序，一个是从有序到混乱，正好是对应的逆转。

第一产业农业在总体量下滑的同时叠加了劳动力成本的上升，行业状况开始进一步恶化，虽然在滞期前期经济体就已经开始容忍农产品适度涨价，但是整体产业资本还在因利润不断下降而大量外溢，经济体的补贴能力已经触及上限——产业平衡投入比例，所以抑制资本溢出的唯一手段只有产品涨价这一条路了。在滞期中期农产品涨价成为普遍现象，而这无疑又抬高了社会的整体价格体系，这是一个死循环，暂时无解。

第二产业工业也没比农业好到哪里去，通过对经济周期里前几个阶段的分拆，我们可能已经很清晰地知道一个问题，从产业发展角度看，工业实际是比农业滞后一个阶段达到过剩的，这一方面由其产业链长度决定，另一方面也是由弹性需求边际远大于刚性需求边际决定的。由什么决定现在并不重要，最重要的是工业在滞期前期遇到的问题在滞期的中期不但没有得到缓解，反而在不断加重，进一步的过剩迫使更多的产业资本溢出去寻找新的生存空间，但是很遗憾，没有新的生存空间，这些资本只能充斥在金融市场或社会上，落后产能被淘汰之后，现在是没有技术优势或资金优势的企业开始退出，和滞期前期一样被迫退出的总是不能承担成本上升的企业，滞期的中期上升最快的成本就是人力成本，所以用人多的逐渐被迫退出了，这进一步加剧了就业问题，就业下滑与弹性需求下滑相互传导，这个死循环被进一步强化了，工业失业人口能不能进入新的经济增长点培育出来新的工作岗位呢？实际上很难，原因在于缺乏教育基础。

第三产业服务业比工业要滞后一个阶段达到过剩，在滞期前期经过了市场重新分割之后，还是逃不过行业性过剩的问题。虽然有社会老龄化带来的服务购买占比上升支持，但是由于就业问题造成的弹性需求下滑，使弹性需求的总量开始下滑，不可避免地造成了第三产业总需求的下滑，而这种反压加速了第三产业的过剩速度，第三产业里的资本明显外溢了，和前两个产业的外溢资本命运是无差别的，没有新的生存空间，只能充斥在社会上或者金融市场里。

滞期中期因社会老龄化，经济停滞，失业等诸多问题的功能作用，整个社会的心态明显进入悲观期，虽然社会上充斥着大量的溢出资本，但是由于社会心态的变化，使消费趋于谨慎，在浮躁心态下被快速推高的无公允标价市场开始迅速降温，而且非常惨烈，不是贵不贵的问题，是无后续资本进入了，购买力突然没了，像极了击鼓传花的游戏，鼓声突然停了，在谁手里就是谁的了。流通的停止从进入的资本角度看就是一种资本灭失，这些资本被动地转到了消费端，削减了资本总量而增大了消费总量，遗憾的是这种资本灭失对整个社会货币表达的商品过剩没有任何积极意义，因为灭失的都是溢出的资本，是过剩竞争中的失败者，消灭对阵双方阵营里的失败者不可能使对阵双方达到力量平衡，因为失败者已经不属于这个阵营了。

多样化的金融市场虽然在以前的任何一个阶段都和无公允标价市场同步，但是在这里开始分道扬镳了，一、二、三产业的共同过剩使产业资本一致看向了资本市场。道理很简单，产业资本不能通过产业活动盈利，要有一个新的盈利方式——资本溢价，这一盈利方式需要金融市场再扩大。还有一个需要金融市场扩大的理由是信用使用需求，在外溢资本、产业资本与信用使用的共同推动下，金融市场的击鼓传花渐入高潮，鼓声越来越急，这又吸引了更多的参与者，市场体量级数增长。

随着商品市场的过剩进一步严重，经济体之间的市场争夺和自身产业生存需要的经济体自身市场保护开始明显冲击旧有的国际规则，以经济体自身利益最大化为目的的各种经济体内部政策开始明显与国际规则脱离，各种对竞争经济体的行业制裁甚至是经济体间的全方位制裁越来越多，规模越来越大，而所有的问题又需要沟通解决，政治家开始忙得一塌糊涂，旧有的国际规则地位越来越低。实际上，在这个时期的绝大多数问题是无法解决的，与虎谋皮，怎么可能成功?

滞期中期也是经济体自身犯错误最多的时期，这些错误其实有一个共同的根源——经济学理论，政治家付诸实施的是经济学家植入其思想的理论，这个后面我们会单独讲。

首先是过早地使用了积极的财政政策，客观地说积极的财政政策对经济的发展速度是有增进意义的，但是积极的财政政策对经济体自身经济状况是有害的，不能过早地使用积极的财政政策；笔者认为要在抑制供给在货币表达层面过剩之后使用，才能效果明显。在没有对供给过剩有效抑制的前提下直接使用积极的财政政策，无疑给饥饿的产业资本送去了食物，结果是财政越积极，过剩越严重，进入了一个恶性循环，这显然与对冲供给过剩的初衷背道而驰了。经济体自身的经济能力与庞大的社会资本总和相比实在太小了，积极的财政政策除了延长了滞期中期的运行时间，剩下的就是削弱了经济体自身的经济能力，没有再多的作用了。

其次是货币政策的使用（平衡经济学对货币有不同于过往经济学的认识，本身是不认可货币政策这个方法的），总体货币政策开启了量化宽松之旅。首先是降息，目的当然是降低资金成本，缓解生产企业的成本压力，目的当然都是好的，但是结果是使本已充斥于社会与金融市场上的资本总量再度扩大，对缓解过剩并没有意义，因为投放方式是有问题的，大量针对于资本端的解困行为只能让产出量更大，进一步扩大了过剩程度，因为通胀本身是有方向的，过剩是由于货币表达的总供给严重大于总需求，非常时期即便使用非常方法，货币政策也应当倾向于抑制生产而增大需求，以使二者回到平衡状态。降息显然做错了方向，和经济体的财政政策的效果如出一辙，再有就是支持信用使用，支持信用使用如果只支持消费端，短期显然是对抑制供需失衡有效的，但是全社会共同的信用使用就失去这一短期稍有成效的结果，因为当供给双方同时使用信用，对逆转供需失衡是无效的，反而可能加大这一情况。整个社会的供给端体量严重大于消费端时，同时使用信用，那么供给端的增长绝对值肯定大于消费端，那么供给进一步过剩就是不可避免的结果。

经济体的积极财政政策和宽松货币政策对过剩缓解没有任何作用，却出现了一个致命问题，变向加速了金融市场的膨胀速度。市场上本来就到处充斥着溢出资本，简单地说并不缺钱，只是掌握钱的双方实力出现了明显差距（供需不平衡），叠加新生货币，使金融开始脱离了实体经济独立运行，空转开始了。最明显的就是资本市场的高歌猛进，这为金融危机创造了条件，在经济体一系列的政策刺激下，叠加越来越多的社会溢出资本不断推高了社会通胀水平，而高企的通胀水平对资产价格的抬升和对消费成本的抬升，导致社会贫富分化趋势明显，越来越多的财富向少数人集中，绝大多数人走向了贫困，贫富分化的加剧使社会矛盾越来越突出。

滞期中期的通胀是因为社会周转率下降而整个社会的货币总量不断加大，试图弥补周转率下降的经济问题而产生的，完全是恶性的，这明显不同于恢复期和平衡期前期因社会周转率过高显现的通胀，高增长前提下的高通胀是完全可以视为良性的。

滞期中期是社会信用使用上升最快的一个阶段，随着经济运行的不断减速直到停滞，生产端周转率再度下台阶，这时生产端只能沿用滞期前期的方法，提高信用使用水平来解决周转率下降带来的资本缺口，叠加经济体的一系列促经济政策有倾向于鼓励信用使用的意味，生产端信用使用开始快速上升，而系列的促销费政策与新的经济增长点（实际就是新的消费点——一切经济活动都要通过消费来完成循环）培育，又使消费端信用使用快速增长，在供需双方一致强化信用使用的情况下，社会信用使用总量不断加速增长，社会信用使用总量开始在金融总量中占据一定比例，并且这个比例在很快上升。

我们再看一下滞期中期的供需曲线变化，社会总需求在人口变化的主导下开始出现明显变化，相对稳定的刚性需求波动向下，而弹性需求变坏更为明显。由于老龄化与结构性失业造成的劳动人口总量下降，所以虽然有因劳动力成本抬升带来的个体收入小幅增加，但社会收入总量开始明显下降，加上整体社会心态偏悲观，使弹性消费向下成为必然，而社会通胀强化了这一趋势，刚性和弹性的双降引领总需求曲线开始下行，而总供给方面由于基本上没有再达产企业，而微量的滞期前期的生产性投资达产也被低效产能的退出抹平，于是总供给曲线开始波动走平，供需敞口还在不断增大。还有一个问题是时间积累问题，经济活动是持续的，生产也是持续的，虽然总供给曲线开始走平，但是过剩产品的积累在随时间增加，所以实际的过剩要比曲线表达得更严重。我们来看一下滞期中期的供需曲线，如图 3-22 所示：

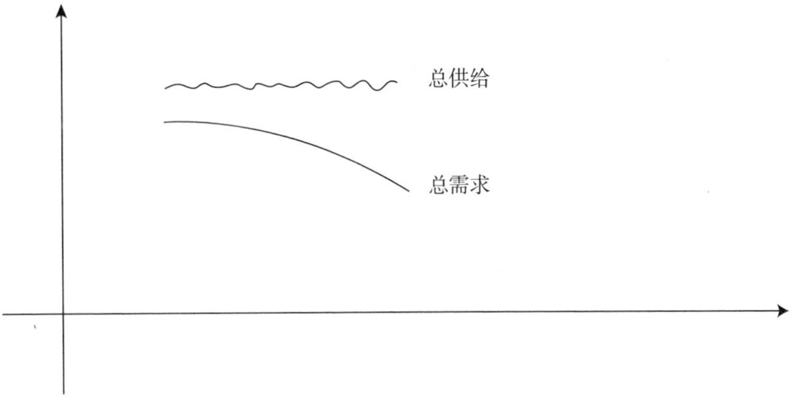

图 3-22　滞期中期的供需曲线

针对于 1929—2008 年这个完整周期而言，从苏联解体到互联网泡沫的破灭 1991—2001 年期间是经济周期的滞期中段，尤其互联网泡沫的破灭不仅重创了资本市场，而且大规模灭失了溢出资本，成为世界经济的一个明确分界点，从泡沫的产生，膨胀，到破灭的过程，实际就是一个包含了资本溢出量不断增大，新经济增长点培育到信用使用增加，资本市场被大规模推高并脱离实体经济，最终开启规模灭失的过程。

（3）滞期后期

滞期后期存在的主要作用在笔者看来只有两个：一是为不断扩大的供需矛盾赢得时间，使敞口进一步扩大，为信用崩塌准备充足条件；二就是放大滞期中段出现的问题，使各经济体发现问题之后拿出更多对策，让经济出现的内在混乱再进行一次人为加速。

首先看一下人口（我一直没有想明白一个问题：为什么几乎所有的经济学家都不讨论人口问题，经济问题是人类社会发展的伴随性问题，而人口问题是人类社会发展的根源问题，为什么讨论伴随性问题时不涉及根源问题呢？）除了延续发展了滞期中期的所有人口问题之外，滞期后期面临的一个迫在眉睫的问题，恢复期中人口恢复制造的出生率高峰到了退出劳动市场的年龄，这带来几方面的问题：第一是劳动力断崖式减少必然会推高劳动力价格从而推高社会价格体系；第二是经济体自身的财政压力骤然上升，这大大削弱了经济体自身的抗风险能力；第三是老龄人口占比大幅上升叠加社会总收入减少，社会活力下降，对总需求尤其是弹性需求有明显引导向下的作用，这个问题无解，提高生育率受宗教、文化、财富观等多方面因素影响，不是一朝一夕就能实现的，而且即使实现了也是远水解不了近渴，唯一的办法就只有延长劳动年龄来增加总人口中的劳动人口占比，虽然可以解决数量问题，但是随出生人口同行的文化、技术与思想意识更新没有了，劳动力质量当然不可能好。

在经济周期的三个子周期运行状态中，随着投资周期在滞期中期的停滞，到滞期后期传导到了商品周期，因为不再有新生产能投产，商品周期也在滞期后期停滞了，经济向好的两个风向标投资增长和产出增长相继停滞，唯独人力成本周期因劳动人口断崖式减少而开始加速追赶上来，这对所有行业都绝对不是一个好消息。

先看第一产业农业，我们说过刚性需求产品数量与劳动力单位劳动时间的对应关系是社会价格体系的基础，那么前面的农产品涨价无疑已经推高了这一价格基础，农业本身也受到影响，只是利润总量上升大于成本总量上升，所以表现的是生存状态的好转。但是因人口老龄化带来的突然的劳动力成本上升是一个纯成本增加的外部冲击，这种冲击在当前的生存状态下是难以承受的，解决的方法只有向工业靠拢，报团取暖，只是这次和以前不同，开始了跨行业抱团，当然也可以叫产业链衔接。读者可能会发现一个问题，这次没有说资本溢出，是的，到滞期后期，留在农业里的资本已经找不到退出方式，不能再溢出了，要么继续干，要么倒闭灭失，还有一个延长时间不倒闭的办法就是增加信用使用。

第二产业工业同样在现实情况下承受不了劳动力成本大幅跳升的压力，本来已经大量使用信用来应对周转率下降的工业企业，开始从低端产能倒闭，这不仅增加了失业率，而且触动了信用体系的安全，进而造成了金融的动荡，这其实就是危机的前兆，而生存下来的企业为了扩大市场占有率开启了并购之旅。前面讲过，生产性投资已经在滞期中期停滞了，这里的一切努力都只是为了再分割市场，和总量增加没有任何关系了，本身财务状况并不乐观的企业进行并购，唯一的方法就是使用信用，这无疑再度推高了信用使用总量，到滞期后期工业和农业处在相同的处境，同样没有了产业资本的溢出，并购基本是一种抱团方式——合并，使用信用的也是欠债。

第三产业服务业的处境稍好于前两个产业，基本上可以用价格变化来解决成本上升问题，但是产业总量随社会运行速度变慢和总需求下滑而下降的问题还是无法解决，而且第三产业相对于第二产业来看技术屏蔽能力很小，就只能用资本屏蔽的方式挤掉行业里体量较小的企业，较小的企业资本被动退出的同时，大资本的信用使用额总量再度上升。

所有产业的产业资本信用额度使用上升都面临同一个问题——信用额度使用的总成本上升，这进一步挤压了产业资本的利润，到滞期后期，绝大多数的行业利润都是账面的，是算出来的，实际几乎没有利润了。

到了滞期后期，过剩已经从商品层面上升到产业资本层面，而这一种层面上升给经济体之间的市场争夺和自身市场保护增加了新内容——自身资本保护。现实情况是一定要有过剩的产业资本灭失，而且灭失就需要市场的重新分割，这无疑给国际规则提出了新的问题，经济体不断出台自身资本保护和外来资本限制方面的法规，旧的国际规则由于其制定的初始目的是促进贸易与合作，所以到了滞期后期，旧的国际规则显然已经与经济体自身的目的背道而驰，而新规则的谈判也不可能顺利，任何一次让步都可能是经济体自身一个领域性的损失，这又反过来影响了经济体内部的就业与经济体自身经济独立能力，这种损失是不能承受的，于是谈判解决问题被经济体之间的各种制裁代替了。道理总是强者给弱者讲的——大的经济体开始成为发起争端的主力，滞期后期与国际规则混乱并行的一个明显特点就是经济体内部政权开始震荡，经济的下行与社会的悲观心态使民众对政权有比以往任何时候都高的关注度和要求，其实这个要求过高了。经济下行是世界性的，不可能有哪一个政权能独立逆转世界性问题——体量不成比例，不可能达到目的。社会的要求是直接的，要求政权必须达到社会 要求，不行就换，正所谓乱世出英雄，政见不同越来越明显，这个干不好换下一个，其实这个时候换谁都没有什么好办法，大家都是读同一本经济学理论的，差别就在于侧重点不同和谁比谁胆子更大一些，所以不管换谁，只要不换经济学理论，结果都不会太令人满意，滞期后期的经济学理论更新需求已经极为明显了。

大量的社会闲置资本，加上经济体为应对经济停滞采取的货币与财政政策，再叠加大量的信用使用，推升滞期后期的金融市场到达了历史的辉煌顶点，完全抛开了金融依附的实体经济独行，一次比一次大的企业并购让从业者开始疯狂，而市场上太多的钱又对金融创新提出了更高的要求，必须让尽量多的资本参与进来，杠杆倍数不断放大，层级也不断增加，不管真实程度如何，只要有个理由就会有大量的资本涌过来。市场上的资本实在太多了，也太饥渴了，尤其资本市场表现最为出色，已经没有人再关心资本质量了，因为货币数量在快速放大，对标价资本的数量需求在这一时期已经远超过对质量的需求。

滞期后期经济体应对经济停滞的努力比滞期中期更加积极，因为经济衰退越来越明显了。方法还是滞期中期的方法，不会再有什么新的方法了，但是力度已经完全不是滞期中期的力度了，方法没有变则结果也就没有变，最终还是不断地推生着过剩，越强的力度带来的过剩越严重，强大的力度不仅恶化了经济体自身的财务状况，同时推升了社会通胀水平，滞胀越来越严重了。

经济的减速期，规模越来越大的购并，政策性的消费诱导与宽松的货币政策，合力把全社会的信用使用推到了金融市场的决定性位置，整个金融市场基本在信用使用支撑下运行，这无疑为金融危机准备了充足条件。

我们看一下滞期后期的供需曲线运行情况：总需求方面，人口老龄化和失业率上升使总需求比滞期中期下滑更加明显，而过剩产品积累造成的产业资本灭失使总供给也开始有了明显下行趋势，但是因为速度远没有总需求下降得快，所以二者的差距还在加大，过剩还在趋于严重，如图 3-23 所示：

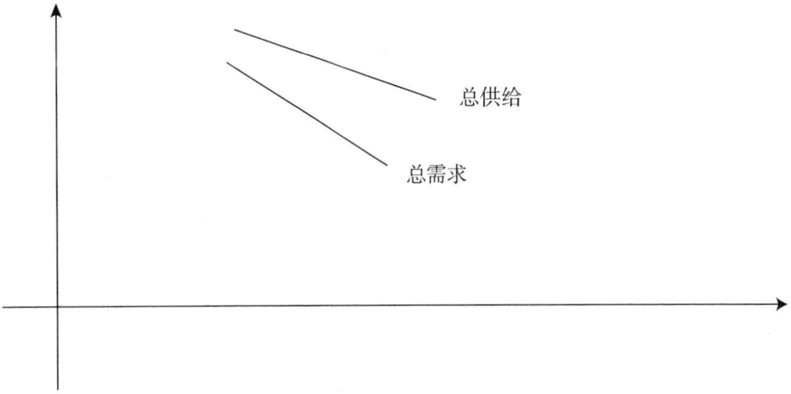

图 3-23　滞期后期的供需曲线

针对 1929—2008 年这个完整周期而言，滞期后期对应的是 2001 年互联网泡沫破裂之后到 2008 年美国金融海啸之前，这是一个实体经济与金融完全脱离的时期。一边是实体经济的不断下行，而另一边是在信用使用和积极财政政策与宽松的货币政策支持下迅速弥补了互联网泡沫破裂带来的损失并创造出更大体量的金融市场，所有的繁荣都来自金融层面，而更大体量的金融市场因为完全脱离了实体经济独立运行，也就必然孕育着更大的危机。

从 1985 年的广场协议开始到 2008 年的金融海啸之前，世界经济走过了一个完整的滞期，通过滞期的完整供需曲线变化，如图 3-24 所示：

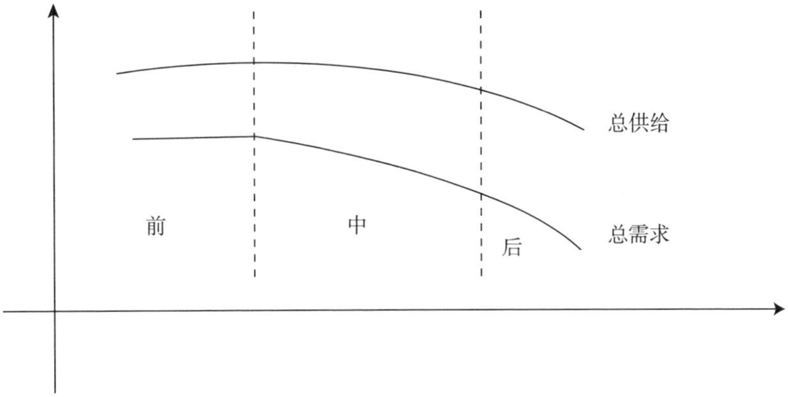

图 3-24　滞期的三个阶段供需曲线

图 3–24 中可以明确看出经济由停滞转入了衰退，这在商品层面已经非常明显。通过商品层面深入分析，还有三个子周期运行变化的从减速到相继停滞，以及诸多的政策性问题，读者可以根据自己的关注点朝不同的方向去思考。

有一个问题值得思考一下，这个滞期是不是在整个周期中占用的时间过长了？什么原因引起的世界经济的滞期拉长？这个我们在后面会写到，针对不同的经济体而言会有不同的时间分界点，这对整个周期结构没有影响。

在对 1929—2008 年这个完整周期的每一个时期的分析与描述中，基本都是从以下几个方面来入手的：

1. 人口的数量变化、结构变化、对劳动力成本的影响，对社会价格体系的影响。

2. 供需曲线的变化及投资（经济周期的三个子周期运行状态的变化）。

3. 一、二、三产业的发展变化，国际规则的变化与市场分割。

4. 经济体的政策方向变化与经济体自身经济状况及社会通胀。

5. 信用使用的迁移。

每个时期都是以变化明显的方面为重点。变化不大或没有能提供新的动向指示的方面基本就省略了，这里讲的供需曲线是货币表达的商品供需曲线——对应经济周期三个子周期中的产品周期，其他两个子周期也可以用供需曲线表达，有兴趣的读者可以自己画一下，这里为了节约时间就不细画了。下面我们把 1929—2008 年完整的货币表达的商品供需曲线画出来，如图 3–25 所示。

这样看就明显了，一个完整周期的首端和尾端在形态上是完全可以衔接的，如果不考虑经济总量的增加，那就是一个简单的循环，叠加了经济总量的增加之后，变成一个螺旋上升的循环结构。

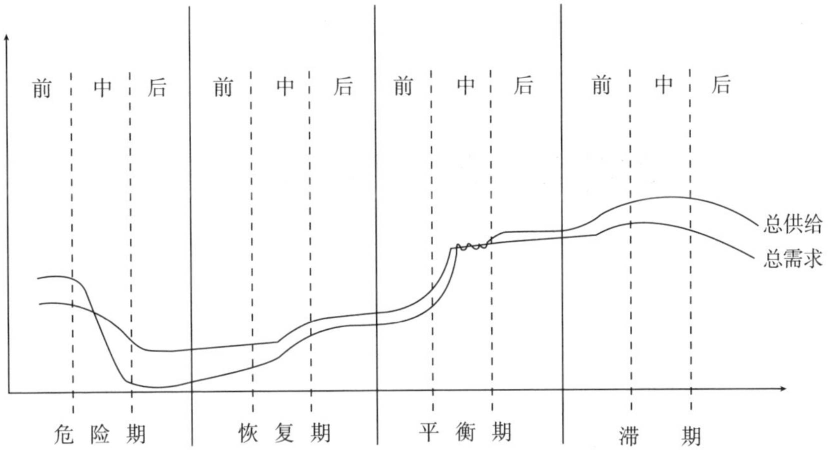

图 3–25　完整经济周期的供需曲线

一定有人会有个疑问，为什么总讲“货币表达”呢？“货币表达”的含义前面讲过了，经济周期从表面看是商品过剩，是供需矛盾问题，而从深层看是个分配方式问题，就是托马斯·皮凯蒂研究的问题，但是皮凯蒂先生提出的“累进税制”理论真的能解决经济周期问题吗？笔者认为是不可能的，累进税制本身存在边际，不可能把超出允许的利润全部转化为税收，这肯定影响生产积极性，同时累进税制本身限制了行业内高效率企业的发展，这不符合人类社会进步的要求。金融层面的问题托马斯·皮凯蒂并没有在《21 世纪资本论》一书中提及。

平衡经济学认为经济周期的产生由两个问题组成：第一是资本约束问题，就是控制产出性资本在经济总量中占比的问题；第二是既往的经济理论对货币本质的理解问题，因理解问题派生出的一切都是货币问题，所以在分析描述中经常出现“货币表达”四个字，那么经济周期能不能抹平呢？平衡经济学的回答是肯定的，知道了本质原因，解决问题相对就容易了，方法在后面章节会讲。下面我们先拿出一个独立部分讲一下储备货币问题，使读者能更好地理解经济周期中的国际规则制定与市场分割部分。

第四章　黄金与储备货币

黄金和储备货币放在一起讲，大家一看标题大概也知道要说什么了。既然要写，那一定和以往看法有不同的地方，在这里我们主要写一下平衡经济学对黄金与储备货币的理解，笔者还是主要给出问题的解决方法。

（一）黄金

从历史的角度来看，没有哪一种货币在使用广度和使用时间长度上能与黄金媲美了，以至于在全世界人的意识里黄金就是货币，货币就是财富，习惯成自然。其实，从人类的发展和认知发展的历史来看，很多习惯和认知从现在的科学角度看是错的，从平衡经济学对货币的理解角度看，黄金作为货币本身是不合适的，存在着诸多问题，黄金只是一种贵金属，它不是货币。

首先，平衡经济学认为货币在其总量上要和其覆盖的经济总量成比例对应关系—简单地说就是以商品为矛，并随经济总量变化而变化，以保证对应比例不变，使币值相对稳定。从这一点看黄金的总量与年度增量是由其产量和存量决定的，与经济总量没有一点联系，这显然是不对的，不与经济总量挂钩的货币总量，不是造成通胀就是造成通缩，对这个问题有兴趣的读者可以找一下第一次美元危机方面的资料看一下。其实，造成第一次美元危机的根源问题就是黄金增量跟不上经济增量，从黄金角度理解它表现出了天然通缩性，而美元增量是跟上了经济总量增长的，所以美元没有通缩，随着时间的发展出现了美元对黄金的贬值。

其次，因为货币是为了便利交换而生的，平衡经济学认为货币投放的终极原则就是便利交换，所以货币投向与投放数量要按交换体量和交换频率区别处理，从这个角度看黄金它的产出地是由矿床所在地决定的，产出地就是投放地，黄金的产量是受产能决定的，这都与经济和交换没有任何关系，这显然不支持黄金成为货币。

最后，黄金作为世界性货币，它本身是跨经济体存在的，也就是说没有任何一个经济体为其信用背书，同时它作为货币使用也必然对经济发达程度不同的经济体造成冲击——理论上穿透了关税保护，而且原则上就变成了产出多少投放多少，没有任何约束，最终是高储量高产出地区实际形成了对储量和产出量贫瘠地区的通胀性掠夺。试想一下，如果某些经济体（黄金高产出地区）可以印发世界上任何一个经济体的货币，那理论上这些经济体可以什么都不生产，只印发其他经济体的货币就能获得一切，这肯定是不能容忍的。货币这样做不行，但是黄金实际就是这样做的，而且大家还认为是正常的，这不是一件很怪的事吗?

黄金不应该是货币的理由还有很多，笔者认为说到这里已经足够让大家明白这个道理了，对黄金的偏爱实际上是金本位思想的残留，随着对金本位偏爱的远去，黄金最终会回归其贵金属的本来面目，这一天不会太远。

（二）储备货币

前面讲货币时讲过了平衡经济学的观点是货币不具有贮藏功能，让人们产生货币有贮藏功能错觉的原因是整个交易池给交易提供的延时功能，国际贸易为参与者提供了一个比经济体内部更大的交易池，同时也提出了一个大问题——结算跨币种。最终当然是贸易优先，而世界前几大经济体的贸易数量和贸易宽度都具有绝对优势，也促使几大经济体的货币成为储备货币，然而储备货币这个做法本身就存在着诸多问题。

第一，任何经济体的货币总量与经济体自身的经济总量都存在着比例对应关系，也就是说本币是为经济体内部交易使用的，它在经济体内部存在着完整的投放与回收体系，在保证交易便利的同时还要保证币值稳定，一旦本币脱离了经济体约束而成为储备货币，那么不管是回流途径、回流数量还是回流时间都不受经济体控制，这无疑给经济体自身的货币管理带来诸多不确定性。

第二，任何经济体其内部市场与国际市场是两个完全不同的交易池，经济体用关税和法律来分离两个交易池，以实现对内部交易池的有效管理和保护，而储备货币实际上打通了这两个交易池，使本币变为储备货币的经济体必须承受相同单位货币在两个不同交易池里购买力相同的压力，这对经济体自身的经济政策制定和稳定自身经济都是相当大的挑战。

第三，使用储备货币进行国际结算的方法，使国际贸易天然倾向于不平衡，储备货币本身的货币属性需要交易池来提供交易延迟功能，而大量交易延迟功能的使用必然使贸易存在时间周期上的不平衡表现。我们看一下货币那一章，在没有货币的情况下，实物交换直接对等完成交易，而在货币状态下，实际交换因为货币的出现被分成了两段，这样就出现了相对的顺差或逆差，其实终极地思考这个问题，储备货币在某一时间还是要变成实物来完成另一段交易，当完整交易出现时，逆差和顺差是不存在的。

第四，储备货币是其本币的国家，实际上可以通过自身的货币控制来控制至少是干扰整个世界的贸易，进而影响整个世界的经济，甚至可以像黄金高产出国一样通过超发本币来买下整个世界，这对世界来说是一直存在的隐患。

储备货币的坏处不胜枚举，那它为什么还会存在呢？唯一支持它存在的理由就是交易结算的需要，其实储备货币的交易结算功能因其本身币值的不稳定而从来没有准确过，准确的只是数值，不准确的永远是购买力。

基于对货币认识的本质化，平衡经济学认为任何经济体之间的贸易完全可以通过最低生存成本均等本币拆算的方法来得到两种货币的真实汇率。

最低生存成本均等本币拆算是什么概念？我们知道任何经济体其价格

体系的基石是劳动力的单位劳动时间与刚性生活用品数量之间的对应关系，简单点说就是在无货币状态下，一个劳动力工作一天所获得的生活必需品数量必须能满足其生存需要，否则不管它怎么工作最后还是不能生存，这个就是最低生存成本。这一成本虽然看似出现在货币出现之前，但实际它从出现后就一直存在，虽然人类社会不断发展变化，经济活动不断复杂化，却始终不能触动这一成本在经济中的地位，而且多数情况下它是经济周期修正的基准线（当非刚性生活用品的标价相对于刚性生活用品而言过高时，说明整个社会的价格体系混乱了，混乱到一定程度必然出现重置——危机）。在不断的危机中被不断强化地位，坚实基础，最低生存成本实际上是人类社会存在的总成本的个体化，所以只要有人类社会，这一成本就不会消失，只能有表达方式的改变。

最低生存成本均等，就是不同地域的劳动力，要达到满足生存的条件，都必须本身能获取最低生存成本，否则这个地域就不会有人类生存。在无货币状态下，只要有人的地方都有当地的最低生存成本，而且这一成本在世界范围内是均等的，这个就有点抽象了，因为大家习惯了商品思维，而这一均等和商品数量完全没有关系，它锚定的是人。大家以前的思维都是从商品与货币的角度出发的，我们要解决的就是货币的换算问题，所以需要跳出货币的圈子来看货币，“不识庐山真面目，只缘身在此山中”。比如一个很无聊的争论：世界上是先有的鸡还是先有的蛋的问题。如果你站在平层看这个问题似乎是无解的，实际上这根本不是问题，从进化论的角度讲，鸡也不是从开始就有的，是进化来的，而且理论上说每一只鸡在生完蛋孵化出来的小鸡也都在延续进化论的理论会和上一代有所不同，这么一说不就简单了，肯定是先有鸡，只有鸡下的蛋才叫鸡蛋，进化论不可能快到需要区分先有鸡还是先有蛋，这个争论是不是很无聊。看问题要先找一个能看清楚的角度——会当凌绝顶。当然如果你不信进化论而信神，那更简单，你问一下神先创造的什么就行了！

在最低生存成本的基础上引入货币，就能很简单地实现生存成本的货币表达，当然用本币表达就有了最低生存成本的本币表达，而生存成本的本币表达叠加到生存成本均等概念里就能完成任何经济体之间的汇率生成——最低生存成本均等本币折算。

这是一个完全不同的思路，要实现还需要很多细节的完善，比如取样数量，时间周期科学性，剔除关税影响和经济体政策影响的方法……这里提出的是方向，细节可能需要很多人研究，但是这个努力是值得的。最低生存成本均等本币折算生成的汇率有无限的好处，几乎可以解决现有贸易中存在的所有问题，同样可以解决储备货币带来的所有问题，使每个经济体都可以独立发展而不受干扰，同时如果辅以与之相适应的国际结算体系，对国际贸易将有极大的促进作用，而且使汇率表达永远真实，这样生成的汇率在开始出现时肯定和现有汇率相差很远，但是如果大家理解了我说的道理就知道哪一个才是真实的。

顺便讲一下，一定有人会认为最低生存成本均等本币折算生成的汇率就是购买力平价汇率的变形，看得细致一点的会认为是叠加了恩格尔系数取样方向的购买力平价汇率，这完全是理解性错误。不管是购买力平价汇率，还是叠加了恩格尔系数取样的购买力平价汇率都是在现有的价格体系之内的比较办法，而最低生存成本均等的本币折算生成的汇率，实际上是比较两个不同价格体系产生的基础，是立足于价格体系出现之前的，虽然结果上看，叠加了恩格尔系数的购买力平价汇率在形式上很像最低生存成本均等的本币折算法，但实际上差了很多。说到购买力平价汇率，大家一定想到了“汉堡包指数”，那大家可以想一想如果一个国家有汉堡包而另一个国家没有，那怎么生成“汉堡包指数”？或者都有汉堡包的两个国家，一个是完全自产的，而另一个是完全进口的，那这个指数还能用吗？这就是创建指数系统理论高度不够带来的问题，说来说去还是平层思维，而最低生存成本均等的本币折算生成的汇率，不关注任何特定商品，也不要求任何地区存在相同的商品，只要有人的地方就有人类经济活动，不管是游牧民族，农耕民族还是渔猎民族，只要有人，就可以使用，而且永远准确，因为它比较的是人的最低生存成本。

用一种新的汇率生成机制来替代现有的汇率生成机制，肯定阻力重重，因为最主要的是触动了大经济体的利益，但是从世界经济发展的角度看，这是一条必经之路，只是实行时间的问题，尤其在进入了新的危机期的今天，去黄金与储备货币，用一个全新而且准确的算法来生成汇率，不仅可以使全球贸易阵营扩大，更能阻断黄金与储备货币带来的经济干扰，甚至是一切跨境非法活动都将无为而治。干好事需要钱，干坏事更需要钱，无储备货币和黄金时代的任何经济体经济运行将趋于明确的本币化，将使原有的躲避在储备货币下的所有不光彩的东西无处遁形。

全球性的去黄金与储备货币进程迟早会到来的，就是一个主动和被动问题，任何一个经济体发行的货币都应当在经济体内部流通，对外贸易结算问题完全可以通过统一算法解决，这需要一个全新的国际秩序。

第五章　资本论是一本没有写完的书

马克思的《资本论》是我看过的所有经济类书籍里最难看惯的一本书，在十几年时间里，我至少完整看过 5 遍，至于片断性的阅读次数更是数不清了，忽然有一天我似乎明白了，这本书之所以难看惯是因为他并没有写完。我们所看到的马克思自己写的加上恩格斯整理的这一部分，实际只是马克思经济学理论的一小部分，是这个庞大理论体系的基础部分，完整的马克思主义经济学是一个建立在这个基础之上的立体结构，哪怕是基础部分也并没有写完整，致使我一直在用一个平层思维来理解它，所以肯定看不懂，这是随着我对经济问题思考的深入渐渐明白的道理。

（一）马克思究竟要告诉世界什么？

马克思的经济学理论是一套站在人类社会发展的高度看社会经济生活发展方向的理论，这样一个极具思维高度的视角怎么把问题写得那么浅呢？相信所有把《资本论》当成经济学著作来读的人都会有这个困惑。后来我似乎才想明白，马克思当时并没有把《资本论》当作一本专业性很强的经济著作来写的原因：他希望尽量多的人能接纳他的思想，所以写出来的东西要让尽量多的人看得懂，他分析和阐述了当时的一切社会经济生活的细节，并对一些过往存在的错误或不够清晰的东西做了重新定义，其实这一切努力只为了让大家明白一个问题——资本如果没有约束是会无限增长的。不管是地租也好，手工业资本也好，乃至大工业资本与商业资本，它们本身都是农业资本壮大——溢出——再壮大——再溢出，这样持续发展的结果，而工业低成本与高产出的实现是靠损害劳动者的利益和健康来实现的，这充分说明了资本主义制度本身是倾向于资本增长而忽略人类社会进步与人类自身安全的，而资本主义的所有制形式是极少数人控制绝对高数量的资本，造成社会分配上的严重不平均，分配上的问题的积累表现是消费能力不足，资本无限增长的积累表现是供给不断过剩，消费能力不足与供给不断过剩持续的结果就会带来经济危机。读到这里大家应该清楚了马克思已经找到了经济危机的根源之一，而从分配方式的角度看，马克思可能也感觉到了除了所有制问题之外还可能有其他问题。

所以，经济危机本身是由资本主义制度造成的，要消灭经济危机，必须有一个适应资本管控，同时解决分配问题的新制度来代替资本主义制度——社会主义制度。

社会主义制度的基础是生产资料公有制，这实现了对资本的绝对管控，同时通过对生产资料的绝对管控直接完成了对分配方式的改变。既然生产资料是公有的，即是所有人的，那么产出也必然是所有人共有的，在产出短缺时期，直接越过货币分配转为实物分配不仅体现了社会公平，也同时说明货币在社会主义经济中的地位并非不可或缺，说明了马克思并没有写出来的对货币的理解上的一些问题；而当产出与需求基本平衡时，分配货币化使社会运转变得简单化；当产出大于需求时，资本绝对管控可以控制再投入使资本不再扩大，使供给符合需求，这样就永远不会出现经济危机，社会平稳发展。

从使用角度看，资本不管在谁的掌控之下，其最终都由社会使用，而过度的产出造成的浪费更是浪费掉了整个人类的资源，抑制了资本浪费也就抑制了全世界共有的财富流失。

结合资本论及其他马克思主义理论可以大概得到这样一个清晰的，促进人类社会发展的经济学框架，《资本论》以及《资本论》第四卷其实就是这个框架的一个基础，建立在这个基础之上的是一个完整而立体动态的体系，经济在公有制条件下的运行方式和随着时间的前进与人类社会的进步，这个体系的演变与不同时期的影响体系正常运行的问题的处理。上边这些内容马克思没有写。社会主义时期是一个生产资料公有制与个人财产私有制共存的时期，如何处理公有制和私有制共存时期可能带来的社会问题？生产资料是个人财产时，生产资料层面的共存在什么框架下允许存在，尺度如何把握？社会主义下，民众需要有一个什么样的财富观，如何诱导其形成？不同经济体之间的不同社会制度如何共存？共存时需要防范的问题有哪些？如何跨越所有制不同的障碍实现多边主义？……建立在马克思已经写出来的这一部分之上的经济结构十分庞大，不是一个人能完成的，还有很多问题是在发展中出现的，不是马克思可以预见的，人类社会的运行是动态的，马克思的经济思想与其政治思想是不可分割的，所以需要在社会发展的进程中不断丰富与完善，要理解和完善这一理论体系，最重要的是要有体系思维，平层思维永远不可能理解一个体系的运行需要什么。马克思虽然没有把这个完整的体系结构和运行方式写完，但是他给出了这一体系运行的终极方向——共产主义，一个完全的公有制的人类社会。这一终极方向足以让后来的研究者知道这一体系构建的方向。

曾经震惊世界的苏联解体，让世界上的政治家和经济学家研究了这么多年，到今天也没有一个能说服世界的合理原因，其实不会有说服世界的合理原因，因为本身都处在不同的阵营里，出发点不同，结果看法一定不同，平衡经济学上升到所有制层面看苏联解体，最根本的原因是苏联对马克思的经济理论研究深度不够，作为世界上第一个社会主义国家，在马克思经济理论的完善方面欠缺，并没有一个完整的体系搭建研究，所有的思维都停留在平层，过于重视马克思说了什么，而基本没有研究马克思还想说什么，因为马克思经济体系研究的平层化，造成经济建设上的错误，又因为上一个危机期的重置方式是通过战争来完成的（第二次世界大战），而且苏联本土遭受了战争重创，使社会主义制度的抗周期特性并没有得到表现，发展到苏联解体之前，经济建设严重失衡。如果一个制度在理论上说服不了群众，在发展上让群众看不到优势，那它怎么能持久？至于和平演变与经济对抗挤压了经济发展的合理结构，这只是表象上的原因，和平演变可以是相互的，因为它是一种意识形态的侵入，那么世界上第一个社会主义国家，它的政权被别人和平演变颠覆了，至少说明自己在占领意识形态阵地上缺乏武器，这个武器就是完整的马克思的经济理论结构。冷战造成的经济失衡，更从一个侧面证实了其理论研究的欠缺，马克思讲的经济与政治的关系“经济基础决定上层建筑，上层建筑反作用于经济基础，说明经济发展是占主导位置的，这有个前提就是在社会主义制度建立之后，而斗争取得政权是为了实行社会主义制度，也就是说，在没有取得政权之前，斗争是占主导位置的。冷战是苏联度过二战，社会主义制度已经稳固之后发生的，说明苏联并没有把重点放到经济建设上来，还停留在斗争层面，至少说明对马克思的政治经济理论的理解偏差，而这一偏差就来自对马克思的经济理论体系搭建和完善的缺失。还有一个问题更能说明这种缺失，就是斯大林走向独裁，任何一个经济体的领导者只要历史能证明它是优秀政治家的，那他一定是一个有远大抱负的人，斯大林的优秀政治天赋是世界公认的，那他为什么终究走上了独裁的道路呢？笔者认为其中原因有对马克思经济理论体系研究的缺失，经济学思想的平层化造成了执政思想的平层化，没有理论高点，与所有政见分歧者处在一个平层，不可能从政治思想上说服政见分歧者，为了保证政权的统治地位，只能走向独裁。一个人独裁是为了施政，这样的独裁者也是优秀的政治家，只是对马克思政治经济理论体系搭建和完善的缺失，一定程度上加剧了斯大林独裁和苏联解体。

（二）共产主义一定会实现

马克思讲的共产主义是一个全人类范围内的全面公有制经济社会结构，要理解共产主义能不能实现，首要问题是要理解私有制能不能彻底向公有制转化。

1. 私有制不是自人类社会之初就有的

我的历史老师告诉我，人类社会的起源状态是在生产资料全面公有制基础上的社会化生活，在起点时期生产资料极度匮乏，全面的公有制是应对这种匮乏最有效的手段，而且这一时期持续了相当长的时间。

而私有制是在人类社会不断进步的基础上使生产资料有了剩余，这些剩余生产资料被特定的人管理并最终被占有成为私有财产，于是产生了私有制。那么看上去貌似私有制的产生是人类社会进步的产物，其实大错特错，这两者没有任何联系。人类社会的进步使生产资料开始有剩余，这两点是因果关系，而剩余生产资料成为私有财产和人类社会进步没有任何关系，我们必须弄明白私有制产生的原因才能明白私有制和人类社会进步之间的关系。

我们说过，特定的人负责管理剩余生产资料并最终占为己有才出现了私有制，那它为什么要把剩余生产资料占为己有呢？不管开始是有意识的还是无意识的，私有制的出现说明管理者认可了这种占有，究其根本原因就是经历了太长的生产资料匮乏时期，人们已经穷怕了，而早期的生产资料剩余量并不能支持全体成员统一提高生产生活水平，也就是极少量的剩余实际上是不能为全体成员的平均分配提供足够的数量，而这些剩余对于少数的管理者来说却足以提高他们的生活水平。那么一边是群体性的匮乏存在，而另一边是私有财产带来的超越群体的生存条件，那么首先拥有了私有财产的特定生产资料管理者当然会拼命维护私有制，我想在私有制刚刚出现时肯定会有针对私有制的抗争，但是由于特定剩余生产资料管理者本身具有权利优势，所以抗争最终会以失败告终。随着私有制的确立，又强化了绝大多数人在生产资料匮乏中生存，而极少数人在超越群体的条件下生存的优越性，因而最终变成一种对比较优越性的崇拜，这种崇拜使私有制不断得到巩固。所以，私有制的出现并不是人类社会进步的产物，而是在群体性对生产资料匮乏的恐惧前提下，少数特权阶层用自己的特权去侵害大多数人利益的产物，从社会角度看实际是个倒退，是对特权的强化和对公平原则的践踏。私有制完全是一个贫穷的产物，上面说过了对比较优越性的崇拜又巩固了私有制，对比较优势的崇拜完全是一种贫穷从物质向精神层面的过度。

既然私有制不是自人类社会开始就有，而且它的出现也不代表着人类社会的进步，那么私有制会不会消失呢？我想回答是肯定的。

2. 人的财富观是随着物质丰富程度的变化而不断变化的

我有一个很深刻的记忆，就是在我很小的时候，1975 年前后，我们生活的整个社会物质是极度匮乏的，有的人吃饭都是个大问题。在那个时候，我爷爷这一代人走在路上，如果发现路上有一粒玉米，他会很小心地拾起来擦干净上面的土装进口袋里，其实这一连串的动作足以说明这一粒玉米在他的财富观里的分量。当时在农村，秋收之后的很长一段时间，人们的主要工作就是寻找散落的粮食，对于老人和孩子来说，这个工作可以贯穿他们的整个冬天。随着时间的前进，我的父辈成为老人的时候，应该是 1995 年前后，社会进步与积累叠加，使人们的生活水平有了很大的提高，尤其改革开放有效地提升了经济发展速度，吃饭已经不再是一个大问题，这个时候基本上没有人会停下来捡一粒玉米了，但是如果是一个玉米还是会捡起来的，而且农闲时节收集散落粮食的行为也被打工替代，只有极少数人还有收集散落粮食的行为，而这更多的是个习惯。在这个时候，粮食已经完全不是问题，吃饭的问题解决了，粮食在人们的财富观里的分量自然就下降了，这一变化延续到今天我这一代人。我们这一代人是不会去捡一个玉米的，因为它在我的生活里不仅不代表财富反而是个负担，我不知道怎么把一个玉米变成食物，玉米变成食物的最短产业链也都是工业化的——我更习惯于去超市买一包爆花玉米回来用微波炉加工爆米花，单个的玉米不知道什么品种也没有洗选加工，完全就是个负担，放久了还会生虫子，我想谁也不会捡的。随着社会的发展，在我爷爷那一代的重要财富到我父亲那一代不再重要了，再到我这一代它已经和财富没有直接关系了。我想到我的孩子这一代，如果不从事农业活动甚至会有太多的人不知道玉米是什么样的，是如何生长的，或只从图画上看到过玉米，这并不是耸人听闻。

同样的玉米，随着时间的推移在几代人的财富观念里的巨大变化显而易见，玉米还是玉米，变化的是人的财富观念。其实从历史上看，人类的财富观念是一直在变化的，可以是认知变化引导，也可以是财富变化引导，等等。但是不管什么引导，只要存在变化，那么今天重要的东西以后就可以变得不重要，甚至可以完全不在观念里，这需要财富的积累和思想的诱导，到某一天全人类都没了财富观念时，私有制也自然就没有了在人类社会存在的空间。注意这里讲的已经不是某一种财富，而是观念，全人类的财富观念。

3. 共产主义路线图

任何一个大的目标的实现都需要有一个路线图来指引，共产主义作为人类社会的终极目标，一定也有一个路线图，只是这个问题太大了，我们在这里进行一下勾画，希望能给以后的研究者提供一些参考。共产主义既然是人类社会的终极方向，那它肯定是一个非常久远的目标，不是也不可能是几个人，一小段时间能弄清楚的，它不仅需要一个路线图，而且这个路线图本身还需要在实践中不断地补充与修正，直至目标达成。

首先，1848 年《共产党宣言》的发表，标志着马克思主义基础理论的诞生。其次，已经出现的一个重要时间点是苏联建国的 1922 年，从 1848 年—1922 年，是马克思主义基础理论的传播与社会实践期，这是一个已经过去的时段，有充足的历史资料可以了解，这里就不写了。

再次，1991 年苏联解体，当然同时还有东欧剧变的问题。1922–1991 年这一时期，不仅对马克思主义是一个极其重要的时期，其对整个人类社会的发展也是一个极其重要的时期。苏联建国标志着马克思主义基础理论进入了一个政权实践期，作为第一个走上人类社会终极道路的社会主义国家，面临的一切问题都是新的，所以成功是宝贵经验，失败同样是宝贵经验，苏联的建国方式——革命建国，成为后来社会主义国家建国的主要方式，这说明了其正确性。二战中，苏联对比德国，科技、工业、军事等方面可以说全方位落后于德国，但是苏联逆转了欧洲战局，进而逆转了二战的世界战局，那么苏联凭借什么打败德国呢？——制度，社会主义公有制的国家结构示意如图 5–1 所示：

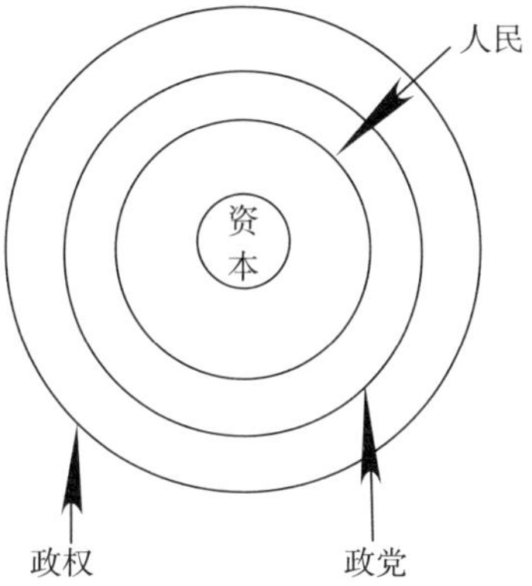

图 5–1　社会主义公有制国家的核心价值—人民利益

社会主义公有制国家的资本是全民利益，整个国家是政党领导人民利用政权来保卫全民利益的同心圆。

社会主义公有制的苏联凭借国家对资本的统一管控，打败了虽然表面强大于自己，但实质上国家被资本管控的德国，德国实际能调动的战争资源没有想象得多。这很容易理解，当战争进入消耗期时，不同资本集团组合到一起形成的德方面临着不断的再投入，这使得资本集团组合运转变慢并逐渐分化。德国只有一个，但是资本集团组合里有多个资本，德国掌控不了资本，说了不算，而社会主义制度的苏联，国家对资本绝对管控，随时可以调动拥有的一切资源投入战争，用以保卫社会主义制度，德国在为资本打仗，苏联在为国家战斗，能进入消耗战又说明双方实力不是一边倒，那打久了苏联必胜。

二战中苏联的胜利是制度的胜利，苏联的胜利彻底扭转了欧洲乃至世界战局，为全世界人民带来了胜利的曙光，同时在战后欧洲出现了一批社会主义国家，使社会主义阵营迅速扩大，然而苏联的胜利也是代价巨大的，本来经济实力并不雄厚的苏联在二战中经济再遭重创，加之本土作战的巨大战争破坏，使苏联在战后恢复中非常艰难。恰恰在这个时候，苏联对马克思主义基础理论没有做到正确理解，没有及时并尽最大可能地发展经济，而是延续了建国直至二战胜利的思维，强化了斗争思想，冷战致使其重政治军事而轻经济民生，并最终发展到解体，这些问题在前面我们也讲了一些。从苏联建国，二战中苏联对德战争在劣势下取得胜利，可以充分展现马克思主义的政治斗争思想与社会主义公有制对资本的全面管控的绝对正确性，而世界上第一个社会主义国家的解体和东欧剧变又显露出马克思主义经济理论在系统结构上的不足，这一动荡也使世界上社会主义国家数量迅速下降。

以上的时间点都是已经出现的，笔者认为下一个重要时间点将出现在未来的某个时间，具体并不确定，但是有一个明确的方法来确认这一时间点——新的社会主义国家诞生，使世界上社会主义国家数量转入上升期，为了方便表述，我们把这个重要的时间点称为时间点 A。在苏联解体以前的表述中我们统一称社会主义理论为社会主义基础理论，为什么叫基础理论前面讲过了，苏联解体与东欧剧变对社会主义阵营乃至整个世界格局造成了巨大冲击，对马克思主义基础理论的体系化完善成为社会主义阵营前进的首要需求。从 1991 年苏联解体到时间点 A，是马克思主义理论的一个重要完善期，马克思主义基础理论在这一时期从平层基础发展为完整的立体运行结构。这应该是马克思主义理论最重要的一次完善，将突破按马克思现有理论发展的思想瓶颈，立足于现有的马克思主义理论，寻找人类社会发展的清晰路径。

很显然，我们现在正处在这个时期里，而从世界经济的周期结构看，到目前为止马克思主义的理论体系完善期已经包含了两个经济周期的交界点——2008 年，这无疑是一次历史性的机会，因为我们前面已经讲过，马克思主义经济理论就是解决经济周期性问题的理论，其优势正是在周期交替时期才最明显，最容易被理解，当然也只有在这一时期才能知道什么样的理论体系结构才是最完整的。

还因为马克思主义基础理论由于其停顿点而形成了一个在理解上方向不同，但是高度一致的平层，所以不同理解方向的社会主义政权在经济发展上也一定有所不同，那么通过周期交替的检验，也可以选择哪一个理解方向是这个平层里正确的理解方向。

这样既有平层正确方向的确定，又有立体完整的合理结构，必将使马克思主义理论向更大范围传播，使现有的社会主义政权更团结，使对理论先进性的争论消失。

在整个世界经济总量中，现阶段的公有制经济占比还相当小，所以现有的公有制经济体跨周期明显是一种被动行为，但是遇到的问题越多，对理论体系完善的需求越强烈，随着对理论体系完善需求的不断强烈，对马克思主义理论体系的完善将成为一个主动行为。

危机期的中段是一个剧烈动荡的社会重置期，经济与人口的重置必然触及政治制度，也有可能出现现有的个别社会主义制度经济体瓦解和资本主义经济体瓦解转向社会主义制度，这都不能被认为和时间点 A 到来有任何关系，只是正常波动。首先，时间点 A 不会太快到来，至少它不会出现在这个经济周期的危机期里。现有的尤其是主导性的社会主义经济体利用公有制的制度优势跨越了这个危机期，让全世界看到了公有制的制度优势，同时在跨周期及以后的一段时间里逐渐完善马克思理论的立体构架，时间点 A 才有可能出现，其次，时间点 A 是一个需要历史验证的点，只有越过了时间点 A 之后的趋势确立了，才能证明时间点 A 出现的确切时间，也就是说不可能在时间点 A 出现时就能确定它的出现。

时间点 A 无疑是马克思主义发展的一个转折点，跨过时间点 A 之后，后面是一个漫长的公有制经济总量上升期，当然也是一个激烈斗争期，这个时期不仅漫长而且会时有反复，直到下一个重要时间点出现。这第二个重要时间点是容易判断的，那就是全世界的公有制经济总量越过私有制经济总量，对世界经济占有了主导地位，这一时间点我们叫它时间点 B，A 与

B之间这个时间可以称为社会主义积累期，时间点A到时间点B之间的这个时期虽然漫长，但是运行结构要比时间点A之前的那个时期明显简单，随着马克思主义理论体系立体动态化，其优势越来越明显，传播速度也大幅提升，而对马克思主义理论先进性的确认必然促使各经济体向这一理论靠拢，所有制问题成了一个全世界需要重新认识的问题，改变的方式可以多种多样，需要的时间也各不相同，但结果最终都是一个——转化为社会主义公有制经济体。实际上时间点A到时间点B之间的社会主要任务是实现公有制经济的总量积累，使公有制经济总量最终超越私有制经济总量而使时间点B出现。

还有一个问题也急需在这一时期解决，那就是全世界对货币的认识问题，这个问题越早解决越有利于世界经济的发展，而最迟也要在这一时期解决，只有解决了对货币的认知问题才说明对经济学问题基本上有了一个全社会接近统一的认知。笔者认为，对货币本质的认知和所有制关系不大，是一个单纯的经济学问题，货币作为工具和其他任何人类使用的工具是一样的，工具就是工具，和所有制关系不大。虽然货币本身与所有制关系不大，但是货币政策——工具的用法，就和所有制紧密相关了，我们前面解释了为什么穷人越来越穷而富人越来越富的问题，其中讲到了一个重点问题：需求的刚性与弹性分割线，错误的货币认知带来了一系列的货币政策，实际上货币政策的结果是通过通胀与通缩来移动分割线。而极端问题还在于货币资本是没有刚性需求的，所以在对货币的错误认知情况下，实际上它一直在助长资本的总量增长，这显然对公有制经济体的增长不利。

在从时间点A到时间点B的进程中，随着对货币认知的清晰与社会主义公有制经济总量的不断增长，经济的周期性会变得越来越不明显，周期拉长的同时冲击力不断变小，逐渐不再被关注，公有制取代私有制带来的政治变化，以及其引起的世界政治格局波动逐渐成为全世界关注的主要问题，直到时间点B出现。时间点B的出现实际上已经确定了共产主义一定会实现，是人类社会发展的终极结果，所以在B点之后的人类社会发展由所有制改变为主，转变为以多种意识形态的共融方式探索为主，当这种探索出现实质性突破时，必然有一个标志性的事物出现——确立第一个区域性共产主义联合体（小范围的国界被打破），我们把这一事件发生的时间点定为时间点 C。

时间点 B 到时间点 C 之间的这个时期，可以称为泛社会主义时期，在这个时期，私有制经济体到后期会有一个加速萎缩的过程，而一致性思维认同——共产主义一定会实现，促使区域内的一些经济体开始主动寻求突破，这显然有利于 C 点的出现，而一致性思维认同的另一个作用是促使世界范围内不同经济体的发展差距不断缩小。

意识形态共融方式的探索虽然有了思维一致性作前提，但是它也不会比社会主义积累容易，而且极有可能是左右共产主义实现时间的最重要问题，加之联合体本身也是一种牢固程度低于单一经济体的管理形式，所以在这个时期最主要的特点可能就是反复，反复也是融合不断深入的需要，直到 C 点出现，确立第一个区域性共产主义联合。

时间点 C 可以看作是社会主义和共产主义的分界点。C 点以后的人类社会就进入了共产主义探索期，最主要的特点还是联合体经济总量因联合体的不稳定波动而无确定方向的波动，直到区域性共产主义联合体经济总量在世界经济总量中占比进入明确上升期，这里出现的时间点是时间点 D……

时间点 C 离现在还很遥远，随着时间的前进，科学技术在不断发展，人类的认知水平在不断提高，详细的 C 点以后的路线图现在无法设想，且对现在的意义不大，但是有两个现在能预见到的问题需要提前防范，甚至需要从现在开始一直给予高度重视：

①对政治认识的不断趋同造成对应面的缺失，造成社会性政治冷漠，这会使整个社会发展动力减弱。

②物质丰富程度的提高及分配制度的变化和财富观念变化造成人类社会整体欲望下降，这最终将危及人类社会的存在。

其实这些问题一直存在，只是不同时期的表现方式不同。针对这两个问题，我们需要不断地在社会前进过程中寻找它新的表现形式，并根据表现形式变化的走向制订针对性解决方案，以确保人类社会健康平稳发展。

我们沿时间轴进行一下标注示意，如图 5–2 所示：

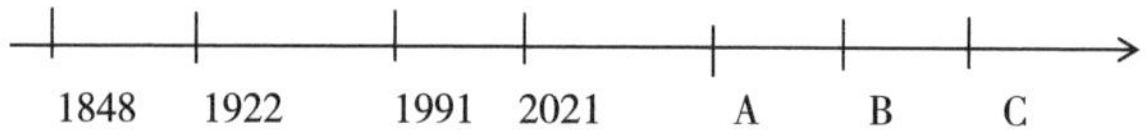

图 5–2　共产主义路线示意图

这已经是一个最简单路线了，今天正处在理论体系完善期这一最关键时期，进程简单不简单关键要看理论完善的彻底不彻底，已经发生的不会改变了，没有发生的都有可能变得复杂，这不影响结果，只延长时间。

社会主义与资本主义的区别的实质是政权控制资本（社会主义）与资本控制政权（资本主义），到底哪一种才是人类发展的终极方向？资本来自经济循环中的积累，而推动经济循环的原动力是需求，需求的终端和资本（供给终端）一起构成了经济整体，需求主体不掌握资本时，资本虽然靠需求壮大了自己，但从根本上说它是站在需求对立面的（总量固定时其中资本占比上升，需求占比必然下降），而资本要再壮大需要需求上升，这本身是个矛盾。

资本本身是有社会属性的，没有人类社会就不会有资本。所以，政权（即使是资本控制的政权）最终也是要以社会平稳发展为目的，所以最终会站在起决定因素的需求端立场，当这一范围扩大到全人类范围（当然过程会非常复杂，时间非常长）共产主义自然就实现了，共产主义是绝对的资本适应需求，而且最大限度避免全人类财富的浪费，完全符合经济与社会的发展规律，所以最终必将实现。殊途同归，不管现在走的是哪条路，最终都要走到一起去——共产主义。

第六章　中国篇

（一）简述

1921–2021 年，单纯地看中国的发展，甚至于片面地看中国经济与政治的某一个阶段，不可能让人得出对中国发展的正确理解，但当我们把中国的发展与世界经济周期的运行和共产主义路线图叠加时，一切都变得非常清晰——中国的每一次历史性成就实际上都出现在共产主义路线图与世界经济周期运行的历史性时间点。如图 6–1 所示：

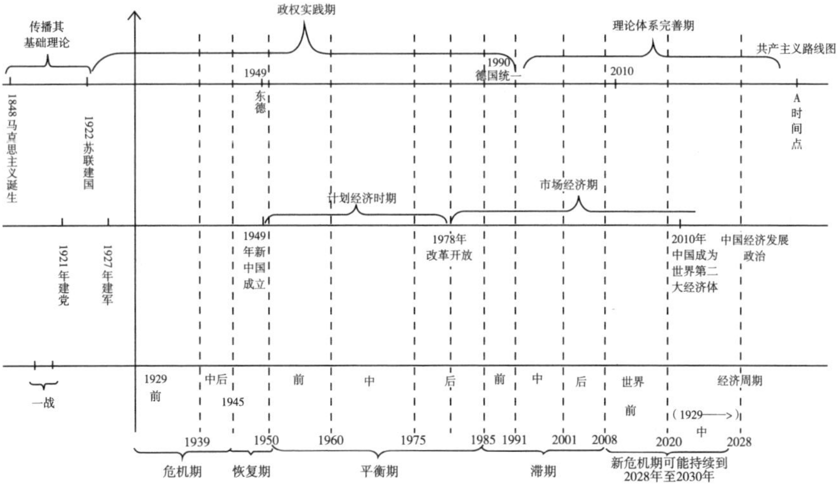

图 6–1　中国的发展与世界经济周期的运行和共产主义路线图叠加

1. 道路选择与新中国的诞生

我们选择的样本周期是 1929–2008 年这个周期，1929 以前的世界经济属于以第一次世界大战为主要人口灭失原因（危机期中期的主要特征）的另一个周期，1918 年一战结束，而危机期的后期与恢复期是新的政治经济理论的快速传播期，也是新的国际规则确立期，1921 年中国共产党建党与 1922 年的苏联建国实际是同一历史时期，因为只有这个时期同时满足两个条件，一是人口灭失与经济重置使整个社会处于政治关注度最高点，且外部压力最小。二是马克思主义以公有制为经济基础的社会发展方式才是整个人类社会寻求的最民主的发展方式。真正的以人为本，不再以经济为本。一条正确的道路在一个最需要新道路的时候被找到了，这显然是个历史必然。其间的过程有专业研究机构做过详细研究，这里不多说了，如果读者认为这不足以说明什么，那在我们分析的样本周期 1929–2008 年中，同样的历史性时刻，同样的历史性事件再次出现了——1949 年中国共产党领导下的新中国成立了，而同一时期还出现了以东德为代表的欧洲社会主义新政权，在这个样本周期里我们的经济分析基本上是详尽的，以二战为人口灭失的主要原因的一个新的危机期，在 1945 年结束，新中国成立与苏联建国从经济周期角度去看，出现在相邻的两个周期里的相同位置，笔者认为这足以说明问题。

2. 抗美援朝的政治经济解读

知悉近代史知识的人都知道，从晚清的衰败开始一直到新中国成立，中国大地上刀兵不断，掠杀不断，直到新中国成立，才结束了这一乱象，但是新中国建立在这一历史基础上，国力之弱不言而喻，而刚刚建立的新中国马上面临了一个严峻的问题——保政权。

从资料上看，当时的争论并不是没有，其实实质的担心只有两点：第一是在当时的国力情况下是不是还打得起。抗美援朝和以前的所有战役都不同，这次是出国作战，粮草先行，量是不是足够，能不能及时输送到位？以当时的国力来看，这个做不到；第二是能不能坚持到底并取得胜利。

这个担心也很现实，对手的装备和中国人民志愿军不是一个量级的，以美国为首的所谓联合国军代表着当时世界工业、军事的制高点，陆、海、空全方位大幅超越了当时还是以农业国为基础的志愿军，可以说这是一场完全不对等的战争。但是，经过三年的浴血奋战，志愿军胜利了。

对抗美援朝的研究很多，但是一般都是从战术战略角度去看的，笔者认为这个胜利出现是顺理成章的，因为同样的胜利在二战中已经出现了一次，并成为二战的转折点——苏联的卫国战争。这个我们前面讲过了，表面看德国人是输给了苏联人，实质上德国人是输给了社会主义公有制的举国体制，当时苏德全方位对比，苏联也明显弱于德国，但是最终胜利属于苏联，这是体制优势，抗美援朝的胜利因为对战双方的对比差距比当时的苏德对比更悬殊，所以体制优势表现得更淋漓尽致。

如今，对于抗美援朝更多的宣传是从战士的英勇顽强来表现的，尤其是影视作品，苏联红军英勇顽强、中国志愿军英勇顽强，完全一致。那么向深一层考虑一下，英勇顽强的战斗精神从哪里来的？——“抗美援朝，保家卫国”看一下这句口号一切就都清楚了，社会主义的举国体制决定了家与国的不可分割性，国有资产全民所有，国家的就是每个人的，这个需要一个前提保障，社会主义政权的存在，保政权是底线，如果不能保住政权，那么以前为了建立政权付出的所有努力都化为乌有，政权保住了就一切都保住了，在底线面前是没有退路的，只能胜利。当人做一件事的目的清楚时，那他的表现一定是坚定的，无退路的坚定，就是英勇顽强，英勇顽强的战斗精神归根结底同样来源于社会主义公有制的举国体制。多说一句，体制建立之前的英勇顽强来自于对这一体制的憧憬和向往，而体制建立之后的英勇顽强是坚定的保卫体制的决心。

抗美援朝的胜利在苏联卫国战争胜利的基础上进一步诠释了社会主义公有制这一制度的强大。

3. 改革开放从世界经济的周期角度看是一个正确的时机，从共产主义路线图看是历史的必然

在经历了建立政权、保卫政权、稳固政权的一系列努力之后，中国的社会发展进入了平稳期，而这时，中国经济因为方方面面的原因，其自有周期已经明显落后于世界经济的大周期。

强政权的目的是施政，而施政是为民生，那么经济落后显然不是这个政权想要的结果。1978 年改革开放，中国发展方向上的一次写入党章的战略性调整来了。

首先从中国自身经济周期与世界经济周期的比较上看，1978 年的中国经济状态完全符合我们对周期运行特点分析中恢复期后期的状态，也就是对应着世界经济周期 1950 年的状态，详细内容大家可以去前面讲经济周期那章看恢复期后期社会经济运行特点，而 1978 年的世界经济周期已经运行到了平衡期的后期，这简直就是天赐良机，世界经济周期运行到了全方位的产出过剩带来的巨大的供给过剩压力和全社会性的资本溢出时期，而中国经济正好是全方位的商品和资本需求旺盛，一个十亿人口的巨大市场对世界过剩资本的诱惑足以让资本面对现实，放下一切政治分歧，所以中国的改革开放出奇得顺利，国际资本争先恐后地涌入，这无疑是个双赢，中国经济发展在国际资本的助力下驶上了快车道，而世界经济因为中国的改革开放而放慢了过剩的脚步，从后面的世界经济关注点可以看出中国经济对世界经济的帮助有多大。中国需求使世界经济的这个周期里的滞期特别长，到 2008 年新周期开启时，中国经济周期在主要方面已经和世界经济周期同步，表现出滞期后期的特征，也就是说中国经济发展用了世界经济周期的一个平衡期后期加上一个完整的滞期的时间，走完了世界经济一个平衡期加上一个滞期要走的路，这才是真正的中国速度的由来，一切都是快!

可能在 2008 年新周期开始时，大家看中国经济的滞期特征没有西方发达国家显著，这主要有两点原因：一是中国经济在很多小的方面还没有进

入滞期后期，只是在主要方面进入了滞期后期，而民众的生活感受恰恰来自于这些小的方面，所以感受不明显；二是社会主义公有制制度表现出了超强的经济把控能力，使滞期被调节，所以表现并不显著。

从共产主义路线图上看，1978 年似乎异常平静，但这是表面现象，我们向前后都看得久一点就会发现，1922–1991 年的这个政权实践期里实际路线图绝大多数时间以苏联为样本，而 1978 年的苏联在经历了全盛之后已经在社会经济政治各方面显露出了明显的问题，社会矛盾的激化更使苏联政权的基础——人民的信任开始动摇，也就是我们经常说的，信任被和平演变瓦解了。中国的社会主义建设也一直是以苏联为样本的，一切转折都在 1978 年，改革开放标志着中国的发展脱离了苏联样本，而同时从 1978 年开始，中国成为了共产主义路线图的样本国家，中国经济从此驶上了快车道。而到了 1991 年，苏联完成了它的历史使命，以解体的方式退出了历史舞台，并以此结束了路线图的政权实践期。中国的改革开放用实践行动开启了马克思主义理论的完善期，其意义无疑是历史性的，它至少在三个方面有重大意义：第一，改革开放带来的经济社会的快速发展，使中国的社会主义制度摆脱了苏联的命运；第二，改革开放的政治高度为中国后来的经济建设扫平了思想障碍；第三，改革开放从一个侧面说明了既有的马克思主义理论的不完整，提出了理论再完善的要求。对比中国改革开放的成功与苏联社会主义制度的解体，叠加中国经济发展遇到的一系列问题，说明了马克思主义理论还有很多方面需要立体化完善，用以更好地指导以后的社会主义制度建设与社会发展。从苏联解体的 1991 年一直到现在乃至到以后相当长的一段时间，在共产主义路线图上看是一个通过实践不断探索直至完整动态理论体系形成的马克思主义理论体系完善期。

4. 新周期带来新机遇

2008 年美国金融海啸开启了一个全新的经济周期——新周期的危机期。2008 年的美国金融海啸至 2020 年新冠肺炎之前，是这个新危机的前期，而新冠肺炎的突降标志着危机期中期的开启，参照样本周期的时间比例，测算这个危机期中期将持续到2028年前后，也就是说世界已经进入了周期里最惨烈的危机期中期，而且刚刚进入危机期中期——这就是我说时间紧迫的原因。

2008年，世界经济虽然因为美国金融海啸而受到重创，但是中国却在2010年上升为世界第二大经济体，这又一次说明了公有利体制的优越。然而，随着世界经济不断向危机期深入和中国经济与世界经济联系不断加深，中国的发展也同样遇到了新的挑战，新的机遇期不仅又一次证明了社会主义公有制的体制优势，同时也突显了对以公有制为基础的政治、经济理论体系完善的迫切需求。从路线图上看，这里正是马克思主义理论体系的完善期。

（二）马克思主义理论的完善与延续

自苏联解体之后，中国实际成为社会主义公有制制度的样本国家，那么对马克思主义政治经济理论体系的完善，也成为了中国发展中必须完成的任务。马克思主义政治经济理论由政治与经济两方面构成，而探寻这两方面之间的内在关系才是马克思主义理论的精髓，说到内在关系，因为政治与经济都在发展，所以其内在关系也必然是动态立体的，而且随着经济与政治的不断发展而变化。

1. 首先是讲政治

讲政治从时间层面分可以分为建立政权、稳固政权、施政惠民……这些前面讲过了，这里我们重点分析一下在同一历史时期讲政治的不同社会阶层的内容，虽然在不同的历史时期讲政治有不同的意义，但是在同一个历史时期里的不同层级的不同的讲政治的内容可以说在任何一个历史时期都是相同的，原因很简单，虽然历史时期不同，但是同一层级的社会位置是一直不变的，所以讲政治永远分为政权与个人两个层面。

1.1 政权层面的讲政治

政权讲政治最重要的是底线思维——政权不被颠覆，政权是施政的工具，没有了政权就什么都没有了，所以到这里就是底线了，一切问题只能从底线向上思考，所以想问题的方向自然就确定了，政权层面的讲政治是通过对民众思想的引领来完成的，而要实现引领就必须有一套完整的理论体系来指导，通过对完整理论体系的理解来分清每一个历史时期的分界点并确定不同历史时期中政权层面讲政治的工作重点，使工作连续且紧凑。

在守住底线以后，政权层面讲政治的另一个任务就是要为经济服务，施政的终极目的是要改善人民生活，哪种制度最终都要面临这一考核。

社会主义公有制制度是让所有民众全部受益的社会制度，这也需要通过经济发展体现出来，所以在政权稳固以后，发展经济是政治的首要任务，这也需要在政治理论体系中明确。

政权层面讲政治的第三个任务是平衡国际关系，促进平等国际关系的建立，这个涉及意识形态的形成。

1.2 个人层面的讲政治

个人讲政治最主要的是要有政治责任感和对核心引领的跟随意识，个人层面的讲政治与政权层面的讲政治是相互呼应的，个人层面的讲政治要做好，就必须正确理解自由与民主。社会主义民主与西方民主的本质问题在于西方资本主义政权是建立在私有制基础上的，国家不控制资本，所以民众怎么说都和资本没关系，可以理解成一种虚幻的民主—只涉及精神领域，不涉及民生实质，因为它并不能传送到资本层面的经济活动中去，而社会主义公有制的政权是控制资本的，而且民众整体与政权控制的资本整体是完全对应的，简单地说政权控制的资本实际上每个民众都有份，民众是公有制的既得利益者，在这一前提下，民众首先要明白自己追求的民主与自由伤不伤害自己的利益，弄明白了再去追求，所以社会主义公有制制度下的民众如果追求的是西方资本主义的民主，那肯定是错的，自己伤害自己的既得利益显然并非明智之举。

所以，个人层面讲政治最正确的做法只能是团结在政权周围，和政权一起保卫自己的利益，当然也就必须保卫政权。

2. 公有制基础下经济运行机制的探索

2.1 货币分配首先是要对货币有一个正确而透彻的理解

从人类社会发展的角度去理解货币，再结合社会主义公有制的社会制度来制定货币的发行、流通、调控等的依据和限度，不得不说在这个方面的表述上，资本论里讲得并不详细，而后来的研究也并没有什么显著成果，致使直到今天，作为世界上第二大经济体，社会主义公有制的样本国家，我们的货币理念还是西方化的，并没有一个完全符合社会主义公有制的货币理论体系，这给经济工作造成了很多概念上的困惑。

社会主义公有制的货币理论不仅要有平衡经济学对货币的理解作为基础，更要对社会主义公有制制度这种所有制形式本身到底是生产形式还是分配形式有透彻的理解——所有的制造都是为了使用，同样所有的生产都是为了分配，社会主义公有制制度是通过对前端生产资料实现公有制来保障后端分配达到公平的社会制度。显然，社会主义公有制是一种公平的分配制度，在这个起点上看货币是分配与流通的工具。

事实其实已经说明了这个问题，建国初期物资相对匮乏，为了应对这种物资匮乏，我们采取的是计划经济，社会分配是按劳分配兼顾公平，表现为“实物＋货币”的分配，短缺商品在区域内需要均衡，商品采取凭票加货币分配的双保险管理，而随着生产与积累，短缺问题基本解决之后，到改革开放时，基本取消了商品票，实现了市场化的货币分配（其实完全可以把货币理解成通用商品票）所以市场化分配是对应供需平衡的，从短缺到平衡是这样变化的，那么从供需平衡到供给过剩应该怎么变化呢？到生产过剩绝对时，那就必须控制生产来维持供需平衡，经济可能进入一个集约化时期——集约经济。集约经济时期不仅商品生产是绝对过剩的，同时还面临着一个随着科技的进步，劳动岗位大幅减少的问题，显然单纯地按劳分配也不能完成全面的社会分配，集约经济时期对生产端首先要控制，要实现按需求总量来生产，同时分配端将重回兼顾人口主导的按需分配与按劳分配相结合，这和计划经济时期非常相似，实际也是这样的。如果我们把供需平衡作为中间值，那么计划经济的商品匮乏和集约经济的产出过剩实际都是供需不平衡，都需要计划干预使之趋于平衡，而且集约经济对资本管控能力有更高的要求。

2.2 公有制经济运行中与私有制经济融合的问题

①国内多种经济形式共存的灵活发展方式无疑给中国经济发展增添了无限活力，改革开放以来中国经济的发展成绩有目共睹，但是有一个问题也应该得到充分重视：社会主义公有制占主导地位的多种经济形式共存，随着科技进步，社会转型如何保证社会主义公有制永远占主导地位？这是政治的根基，现在能看到的是在互联网生态下出现的新生代有话语权的企业，清一色都是私营企业，这样发展下去，结果可想而知。经济问题要站在一个政治高度去想，这是一个可能冲击底线的问题。

②中国在不断扩大改革开放的基础上，在大量资本与商品贸易的情况下要保证公有制企业不被冲击，永远确保社会主义公有制经济占主导地位，这不仅需要企业自身有竞争力，还需要基于社会主义公有制基础的法律保护。

3. 通过教育向下传递社会发展与理论进步

人类社会的发展中，教育无疑起到了举足轻重的作用，教育的力量有多大？当我们说到天使时，每个人心里都会有一幅让人愉悦的画面，天使就代表着美丽，而当我们说到魔鬼时，每个人都会有一种不舒服的感觉，因为魔鬼这两个字就是可憎与邪恶的代名词。但是，我们想一下我们是见过天使呢？还是见过魔鬼呢？都没有，这是不断的教育强化让我们形成了这样的概念，而且教育是全方位的。

3.1 马克思主义政治经济学体系中，教育的作用

马克思主义政治经济学体系中，教育的作用尤为重要，社会主义公有制的资本属性，要求全体民众都必须随时与社会发展和国家建设的政策思维同步。在社会发展的不同阶段，政治与经济有着不同的侧重点，而要保证社会发展的平稳，必须通过教育提前向下传递这种关系变化，百年大计，树人为本，每一代劳动者的思维结构形成都是在参加劳动之前的学习中就完成了，所以教育要根据政治经济关系的变化提前布局，政治思想教育是一个长期工作，不光要有针对政治经济关系的教育，更要有在完整政治理

论体系支持下的世界观教育，世界观教育才是应对未知事物最有力的武器，同时也是应对文化与思想侵入的有力武器。

3.2 马克思主义世界观教育的另一个重点

马克思主义世界观教育的另一个重点是文化融合教育，海纳百川。从共产主义角度看，文化融合与包容，是一个必然趋势，而短期的文化融合实质上是财富观与民族自信心、自豪感的融合，从“不受嗟来之食”到“送人玫瑰”所有的变化都表现的是不同时期的财富观与民族自信心、自豪感的融合，实际考察的是内心的承受力。

4. 马克思主义政治经济学立体结构中的运行问题

大家一定还记得我们前面讲过的思维平层问题，到底是怎么回事，平层到底是什么样子，如图 6–2 和 6–3 所示：

马克思主义政治经济学立体结构示意图

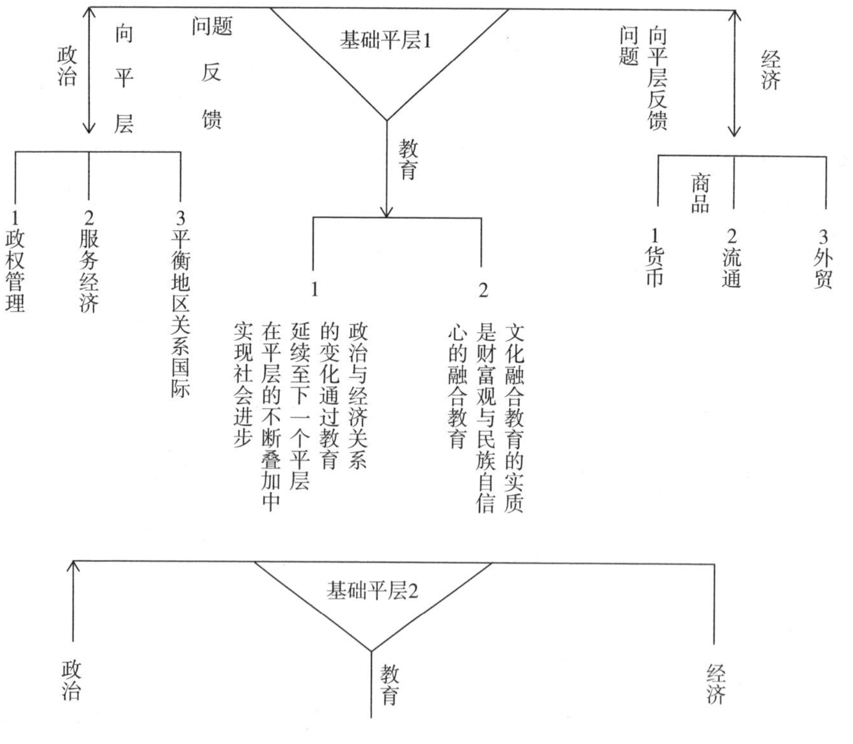

图 6–2 马克思主义政治经济学的立体结构

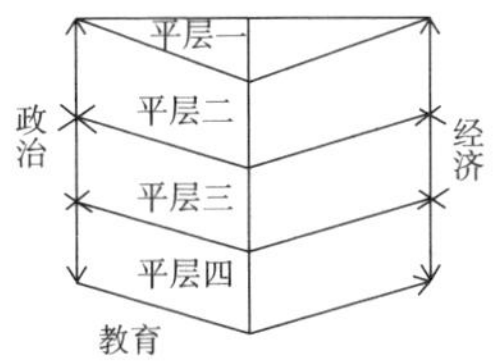

图 6-3　平层立体结构叠加

这是一个平层的基本结构示意图，当然也可能更复杂。如图所示：马克思主义政治经济学的每一个平层都由政治、经济、教育这三个主要方面构成，平层的顺序叠加形成了马克思主义政治经济理论的立体结构，不同的平层当然有不同的侧重点，每一次平层的突破首先都是一次政治理论的突破，而通过政治理论的突破引领社会进入下一个平层，以此实现社会进步，而在新平层的经济积累和教育积累为下次的突破储备了足够的动力。

从马克思主义角度来理解这一立体结构，第一个基础平层无疑是马克思主义的诞生，而最后一个终极平层当然是共产主义平层。在第一个基础平层与最后一个终极平层之间，存在着 N 个顺序叠加的平层，这些平层代表着社会的前进，大家可以参考共产主义路线图上的关键节点来区分平层，更便于理解，这其中的一个重要平层就是建立社会主义公有制的政权，这是马克思本人就其理论表述上我们能够看到的最后一个平层，也就是我们在前面讲“资本论是一本没有写完的书”那一章里反复提到的那个平层，苏联在建国以后，政治理论上没有新的突破，结果最终倒在了这个平层上。

而就中国的发展而言，中国共产党的成立开启了马克思主义在中国的第一个基础平层，经过一系列斗争，直到毛泽东思想确立之前，基本都是完全的苏联模式，毛泽东思想在马克思主义中国化道路上的突破引领中国革命进入了第二个平层，并最终建立了新中国。新中国建立之后的计划经济时期，平层结构基本和苏联解体的平层结构相同，直到改革开放，邓小平理论的提出引领中国进入第三个平层，这是一个完全突破了既有马克思主义理论的全新平层，也是马克思主义理论的一个新的实践高度，既无样本也没有教科书，只能“摸着石头过河”，每一次的平层突破实际上都有很多次尝试，只有从历史角度才能确定哪个才是正确的突破。

马克思主义的立体结构运行问题实际上是政治与经济在发展中的协同问题，所以运行中要不断地向所在的平层反馈信息，以便及时对平层进行调整来保证结构运行，并通过对教育的调整最终贯穿于整个体系。

（三）中国在新的危机期面临的短期问题的应对及机遇

2020 年，新一个危机期中期被新冠的流行开启了，但是对人口的重置肯定不仅限于新冠，这很可能是一个长达 8 年的复合人口重置过程，而且西方国家包括抗疫在内的一系列针对人口重置的抵抗最终必然以失败告终，这是由其资本主义制度的特点决定的。而这一抵抗失败又必然带来世界经济的一次大崩溃，作为世界第二大经济体的中国，我们的经济与世界经济已经深度融合，所以世界范围的人口重置与经济崩溃必然给中国经济带来巨大冲击，早做准备、未雨绸缪，把损失降到最低是当务之急。

1. 国内

1.1 保人口

看过前面我们对周期结构分析的人，我想使你记忆最深刻的一部分就是对危机期中期的描述了，因为只有这一部分不讲经济而只讲人口，完整的经济周期运行在到达某一程度之后基本是不可逆的，但是针对运行中的某一个点进行应对肯定是可行的，就是要得到什么必须失去什么的问题，而且要保住的点越重要那你需要付出的东西越多。危机期中期对于周期的任务来讲，就是要通过人口重置来完成对社会价格体系的打击，使整个社会价格体系崩溃，说到这里大家基本能感受到保人口需要付出多大的代价了。但是，我们认可了付出这一代价也不标志着一定会成功完成保人口的目标，这里还有一些关键步骤需要做：首先要充分预计困难，中国是一个十四亿的人口大国，巨大的人口基数本身就对保人口提出了极大挑战。另外因为国土面积、人口分布、经济发达程度以及对外接触等问题，我们要做一个巨大的保护措施把所有人都纳入其中。还有一个致命的问题，我们只知道会有人口灭失，但是有多少种原因灭失，具体来自什么方向几乎都是未知，从这个方向想真是困难重重。我们换一个方向想，中国是一个社会主义制度国家，人民高于一切，国家在，人民在，再困难也得干，要把这个问题上升到国家生死存亡的高度来看。充分预计困难有利于我们从主观上主动制定周密计划，想出尽量多的细节问题，确保万无一失。其次要摸清家底，对现有物资产能、材料要全面了解，在这里有一个重要问题就是统计表去货币，不要用货币表达数量，要直接用“人份 / 天数”作单位，如，5 人份 /3 天，而且储备必须全部实物化，不能有任何货币参与，因为货币没有储藏价值，这场预计长度在 7 年左右的马拉松式的战斗，从 2020 年已经开始。物资合理储备量应该按 10 年准备，最少是 10 年，摸清了家底也就很容易算出缺口，那么剩下的就是补齐缺口，尽可能提高成品物资储备能力，并且要科学计算，把后续储备的生产尽量储存在生产的流程环节里，不仅分散风险，同时提高后期反应速度。科学分布物资的储存和有效安全的配送体系，生产储备送达一条龙，确保随时可以启动，这一系统永远能够有效运行。再次要主动出击，设计制度保障，根据充分完整的应急预案，在各环节安排应急法律、制度保障，根据预案设定启动层级，使法律制度保障完整嵌入预案体系，成为一套保障预案运行的全程保护体系，尤其要有市场交易停止与货币使用停止方面的分级法律，防止市场交易和货币使用干扰预案运行，以及物资流失。最后要发动民众，依靠民众，在核心体系之外再建立民众组织的体系保护，用以保障核心体系的安全高效运转，同时通过民众参与的多重预案演练，来提高全民意识，提高民众认同度。

这是一次世界范围内等同于第二次世界大战级别的人口灭失，怎么重视都不过分。

1.2 调整经济发展目标

从策略上把保人口放在第一位，一切为保人口让路，一切经济活动都转向保人口。

（1）主动调降经济增速

我们从前面对经济周期的分析中已经知道，世界经济的危机期就是要通过人口重置来实现价格体系的重置，进而完成经济重置。现在，我们面临的是一次经济大倒退，世界经济回到平衡期中期水平甚至更坏，所以在这个保人口的过程完成之后，如果我们要和世界经济平滑对接，那么这里的经济降增速就和以往的每一次都不同，这一次要通过不断的降增速的叠加效应最后达到降体量的目的，这会带来很多无解的问题，所以这并不比保人口轻松。

细分层面有很多，这里我们分为金融和产业两个层面把最重要的说一下。首先是金融层面，大家先回想一下我们在周期运行里着重讲过的一个问题——信用迁移，到滞期末期和危机期前期，社会信用被广泛使用，并不断被货币增发放大，民众层面与企业层面都大量使用信用来对冲经济停滞与成本上升，社会信用总量是整个周期里最大的时期，债务一旦形成，就白纸黑字写在纸上了。当经济降体量，社会价格体系重置之后，债务被被动放大了，很多债务与还债能力已经出现几何级差，也就不可能还得上，那必然会出现坏账，而广泛信用使用造成了社会债务联系会向不同方向传递这些坏账，最终会形成社会性金融崩溃，崩溃已经是不可避免了，早动手准备，主动选择保留方向，使崩溃造成的社会损失最小，就是现在能做的。

我们知道社会信用总量是通过市场的标价效应对商品进行标价后的折算结果，所以要降低社会信用总量，最主动而有效的方式是主动诱导社会价格体系下行，首当其冲的是金融市场，信用总量降下来之后旧有的债务体系里的薄弱环节就会在价格体系下行的过程中逐渐崩溃，那这里面就有些是必须保证不能崩溃的。首先是国有大行，银行体系是流通的回路，国有大行更是国家金融体系的强大支柱，所以国有大行是必保的，没什么好办法，只能是有人接手大行坏账，前提是要保证大行正常运转，但是大行同样需要降体量，接手坏账使大行能正常运转，然后区分核心与非核心业务，保核心而放弃非核心来降体量。至于其他原本体量就小又与国有大行业务相似的金融机构只能被放弃，本来也不需要那么多金融机构。另一个必保的就是个人债务承担者，这里指的是资产抵押型的。价格体系下行的直接结果是资不抵债，但是如果个人因为系统原因造成资不抵债而被严重影响生活，那是制度的悲哀，是不允许出现的，所以个人抵押债必保，这个只能减免债务，如果和保国有大行联系起来，就需要一个单独部门把大银行的个人财产抵押债务接手，然后按价格体系下行稳定后和债务产生时价格体系的比值重新计算债务数量。举例说明就是，一个人的资产在原有价格体系里是 100 元价值，他负债 50 元，在新的价格体系里如果他的资产是 40 元，那他最后新的负债是 20 元。这个不用急，在保人口完成之后再算，中间过程中可以先冻结债务，不用立即执行，这也是保人口过程中去货币干扰的一部分。

同前面一样，个人与中小金融机构的债务问题被暂时放弃，把体系保住是当下最重要的。金融层面的经济降速已经够难了，但是金融方面还是相对和气的，所有人面对的几乎都是数字，用数字把对阵双方隔开了，产业层面就更难了，如果大家还记得我们前面讲过的金融市场与实体经济存在着合理比例，那么你肯定会理解为什么产业降速更难。首先，产业层面承接来自金融层面的冲击，简单来说就是真实的钱荒，包括旧有债务展期，再融资，以及信用使用的挤压，等等，一切和钱有关的问题都变得无限困难，最终肯定是按照负债率从高到低的顺序依次倒下，只有拥有强大的注资途径的企业，才能顶得住这种冲击，但是也不会毫发无损，顶得住冲击的企业将会直面一个问题——如何降低人力成本？谈减工资好像没有哪本教科书上有成功的例子。但是降低人力成本是必须的，我们在前面讲过：社会价格体系的基石就是劳动力单位时间、劳动报酬与生存刚性需求产品之间的对应关系，可以直接理解成工资支撑着价格体系，所以劳动力成本不下降，价格体系就没有下行空间，要降低整体价格体系，必须首先降低劳动力成本。

产业层面承载着社会就业的绝大多数，产业层面降速必然引起包括就业在内的诸多问题的尖锐化，而最容易激化社会矛盾的也是就业问题，这个问题唯一的解决方法就是通过社会教育使全体民众对经济降速有一个共识，并认可政权的领导，团结一致，共渡难关。要处理好这个问题，关键就是有没有社会认同的问题，干不好会激化社会矛盾，干好了就是同甘共苦提升凝聚力的过程。产业降速面临的另一个抉择就是各产业里需要保住多少企业不能倒的问题。社会经济循环有一个合理的体系，这个体系不管大小，都要有一个通畅的循环途径才能使整个社会经济运行不会瘫痪，确定了必保范围，方法相对就简单了，无非是债务和劳动力成本控制问题。

（2）控投资转投向

在以往的历次应对经济波动的过程中，投资拉动，尤其是基建投资拉动一直是一个强有力的手段，且效果显著，久而久之，形成了一个大波动大投资，小波动小投资的循环。虽然投资拉动的方法在过去是有效的，但是这一次完全不同了，最主要的不同在于世界经济的走向，这里是一个新的危机期中期，是整个经济周期里唯一的一次经济降体量的阶段，也就是说以前的阶段都是经济体量增长的阶段，经济体量增长和价格体系上升是同步的，这就保证了两个问题：第一是财政收入在远期看是平稳增长的，所以有能力支持短时间或小范围的超过短期财政收入的支出，因为大型的基建项目是以政府投资为主，或政府占主导地位的混合投资，财政的稳定上升保证了投的起，第二个是社会价格体系的不断上升实际保障了对基础设施在后期再评估其价格时并不亏损。这个用稍长一点的时间很明显可以看出来，比如20年前和现在，社会平均工资水平大约差了20倍，前面我们讲过工资的变化意味着什么，工资增长20倍反应到价格体系上，整个价格体系就至少上升了20倍，当然这里说的是平均，并不表示任何一种单一商品价格都上升20倍，也许你身边接触的东西并没有上升，甚至还有下降或因科技等原因归零的。也就是说现在的基建项目，其重置需要付出比20年前修建高出20倍的代价，我们知道一个东西完全失去价值实际上灭失的就是本金，如果它的使用寿命是 70 年，那 20 年折旧了 2/7，加上维护费用，等等，无论怎么计算，它到现在也是账面增值的。资本市场上的各种价值投资的神，不过就是在社会整体价格体系上升的基础上，再找到一个价格上升速度高过平均体系升速的行业或企业，买入持有到其升速变慢时再换入另一些新的符合标准的标的，随着时间的叠加来实现资产总值的上升，只有好的时机，没有神，价值投资再加点无公允标价概念，就可以炒个热火朝天了。只要投资能够不烂尾就基本不会亏钱，这大概就是投资拉动经济被反复使用的原因，投得起，不亏钱。但是到危机期的中期，这一切都变了，我们前面讲的经济降体量要持续七到八年，在这七到八年里，财政收入是减少的，而且某些时段可能会出现指数级的减少，这就使持续的投资拉动变得不安全，很可能会投到中途就烂尾了。即使举债确保投资完成，也要面临社会整体价格体系下降而带来的账面亏损问题，肯定有人会说："基础设施投资还有社会效益问题，不能单纯看账面。"这个说法肯定是对的，但是有一个问题就是经济降体量之后肯定社会热度会下降，所以对于投资的社会效益的预期也不能像以前那么高，而且当社会整体热度下降后，以前的基础设施建设也将转为过剩，会进一步挤压新投资项目的社会效益。不仅投资不再安全有效，当我们知道世界经济在危机期会出现的问题以后，对中国经济的走向也有了明确预期，对投资拉动进行一定程度的控制，更有利于引导中国经济走向预期方向。控投资之后就是转投向，适度拉动投资对防止经济硬着陆有着重要意义，所以适度拉动投资肯定是需要的。新的投资方向要和保人口与保体系相结合，转向新的方向的设施建设与物资生产和储备，安排必保体系里的产能尽量在新投资保障下转入保人口的工作领域，这是一个有极大缺口的领域，由于以前在这个方向上的深度研究并不多，致使在这个方向上的准备很少，加上中国本身巨大的人口基数，以及这个危机期中期超长的持续时间，中国本身的内在需求叠加新增的转向投资，使整个社会经济平稳运行并逐渐降增速，朝着预期的方向运行是完全可以实现的。而且既然预见到人口灭失是世界性问题，那么全世界对保人口的物资都有极大需求，这种需求可以成为新的经济发展方向来帮助中国经济渡过难关。

（3）提高社会福利覆盖范围

增福利、保稳定、降增速与控投资带来的直接问题就是严峻的社会就业水平降低问题，这其实会影响社会的方方面面，所以要有一个准备方案来接住这个下落的球，只能通过提高社会福利的覆盖范围来实现。这看上去是一个被动行为，实际上是一个非常重要的进攻动作，这一次保障水平的高度在很大程度上决定着危机期结束以后的新的社会价格体系的起始高度，也就是说要通过这一次的福利覆盖来引导现在的价格体系走向新设定的价格体系，以防止旧的价格体系通过崩跌形式实现硬着陆。硬着陆还会带来许多不可预见，也不可控，但实际完全没有必要的损失，在短期问题应对中，前面讲的都是防御性方法，但是从增福利开始已经转向进攻了，所以这不仅需要投入，更需要对危机期之后的社会价格体系测算，力求科学精准，这是一个新的社会经济活动的基准点的寻找，计算越准确，后期的工作时间和社会财富浪费越少。这里其实有一个体制优势，那就是计划经济与市场经济的优势之争。旧的价格体系硬着陆之后出现新的价格体系就是完全市场经济必经的修正途径，而我们讲的计算新价格体系并通过社会福利去主动对接新价格体系是计划经济，那到底哪种更科学？

社会福利总量的增加也必然出现另一个良性结果——消费端受到增量资金支持，其整体萎缩幅度要小于社会整体经济下降幅度。我们前面讲过，首先通胀是有方向的，其次经济危机可以理解成货币表达的需求不足，不是用不完，而是买不起，那直接给消费端注入货币，有利于快速削减供需剪刀差，使其尽早达到新的平衡。实际上新平衡出现就是新价格体系的出现，增福利之后就是促稳定，增福利更多的指向失业社会群体，而促稳定要注意的两个方面，第一是制度显性既得利益群体（以公务员为主体）的教育引导，第二是显性既得利益群体与其他群体之间关系的处理。制度显性既得利益群体是由社会财政保障其利益的，在危机期中期这样的经济重置期，要对这个群体有足够的宣传教育，使其对政权实施的一系列经济政策通过理解来实现认同。这个群体的收入显然不能简单通过降低就业总量来实现减少，而且在这个时期降低这一群体就业总量本身也和整体危机期的应对思想不符，也不能完成本质目标——对接新旧价格体系中的社会平均人力成本。对于这个群众，只能直接降收入，降到新的价格体系里适当的标准，这无疑是个艰难的过程，但是没有办法，必须完成。所以，对这一群体的宣传教育的成败，是决定结果的关键，必须使这一群体达到高度的认同，才能使他们主动跟随政权的政策，而且能向社会进行宣讲教育。

显性既得利益群体与其他社会群体的关系问题，显然要比对这一群体的引导更复杂。在现实层面，显性既得利益群体是政府形象的代表，一定要防止任何原因造成的政府公信力消耗问题，人民群众是政权的基础，政府公信力是人民对政权的信任的体现，消耗政府公信力就是消耗政权基础，要想办法杜绝，最有效的方法就是显性既得利益群体要和其他群体站在同一立场上。所有消耗政府公信力行为的共同之处就在于实施者站在了人民的对立面，而且因为实施者的错误，使政权被动地站在了人民的对立面，这是多么可怕的问题！不管多困难的事，只要是正确的，并且清楚告知了人民，都会得到人民的支持。反之，一个不敢公之于众的事情，一定不会是正确的、被人民认可的事情。尤其在这个时期，人民对政治的关注度处在一个相对高点上，哪怕在经济平稳上升期，那些根本不会被人关注的小事，在这一时期也会引起很大的反响，所以首先要确定做的是正确的事，越是危机期越要稳定，显性既得利益群体是政权的代表，当然也就是促稳定的主导力量。

（4）稳货币

前面讲的对接新旧两个价格体系里劳动价格时，我们讲的是只能降收入。一定有人会问为什么不通过调整货币的方法来隐性实现这一目的，而非要使用降收入这么刚性的方法来实现？在前面货币一章我们讲过，其实货币就不应该有政策，所有的政策都应该归于财政，货币最主要的是要使购买力稳定，过度依赖于用货币来表达分配进而影响到供需，是供需不均衡表现的重要原因之一。所以，要彻底解决这一问题，首先需要对货币进行更深入的研究，系统化地理解货币，还其本源，然后再根据体制特点确定货币的循环方式，在这些工作完成之前，保证货币的购买力稳定是最科学的处理方法，也是对经济活动干扰最小的方法。任何短期通过货币政策看上去得到了解决的问题，实际上从周期角度看都没有得到解决，只是延后爆发，而且任何的货币政策其本质作用都是破坏社价格体系的合理性。

1.3 特殊时期，社会教育要突出责任感与使命感教育

前面我们讲过教育力量的强大，在这个特殊时期，社会教育更应该紧密契合政权政策，要对显性既得利益群体加大责任感与使命教育，并通过政权显性既得利益群体的行动，把责任感与使命感教育传递给全社会，实现全社会性的立场统一，紧跟政权政策的合力，以期高效解决社会短期问题。

2. 国际

2.1 对世界政治经济走向要冷静分析，不抱幻想

我们在前面讲经济周期时已经详细地讲了危机期中后期的国际经济特点以及与之匹配的政治特点，既然已经确定从 2020 年开始世界经济进入了危机期中期，就要按周期特点冷静地分析国际形势，提前准备早做预案，以应对这一时期频繁的经济摩擦与相应的经济制裁。首先要加固国内经济与国际经济之间的防火墙，尽可能减少国内经济对国际经济的依赖度，同时防范国际经济动荡对国内经济造成的冲击，对由此带来的国际经济减速要有充分预见并提高容忍度，不要对进程抱有幻想。前面讲周期的时候提到，经济危机到这里已经不可能阻止了，我们现在能做的就是尽可能地减小损失。既然经济危机阻止不了，那由经济危机引发的贸易战肯定也不可避免，无处可躲只能应对，甚至由贸易战升级成的地缘政治问题也是必须应对的。这里只有一点要时刻警惕，就是不要被对手带节奏而乱了步子，打嘴仗其实不解决任何问题，所以坚持据理力争的同时还要坚持底线思维。

功到自然成，绝大多数问题可以留给时间去解决，不过区区七八年时间，从历史的角度看几乎可以忽略，只要我们对经济减速有足够的容忍度，那我们就可以不和任何人打贸易战，其实越是先发起贸易战的国家，说明它国内的经济压力越大，谁都知道贸易战最终没有赢家，那为什么还要主动开打？唯一的合理解释就是其经济问题已经严重到只顾眼前，不顾长远的状态了，对于这样的对手，可以用时间直接打败，直接停止对应贸易工作。只要我们自己内循环体系没有问题，扛得住这种冲击就可以了。中国有足够多的人口和足够大的经济体量，同时具备这两个先决条件的国家中，中国是处于首位的，如果我们把贸易看成是两个篮球队在打篮球，那国际贸易可以看作是世界范围的篮球赛，这种比赛很多，我们可以选择性地参加，即使世界范围的比赛都不参加了，我们有足够的球员与观众，可以打国内联赛，娱乐程度差距不大。

2.2 深度学习并应用马克思主义理论

马克思主义的政治与经济的关系里，可以有一个开拓战场的概念，政治与经济相辅相成。而我们前面又讲了马克思主义的先进性在危机期的体现更直观，那么应对经济摩擦，可以用政治战场来战斗，经济摩擦的发起者一定深思熟虑认为在经济战场上有足够的胜算才发起战斗，那我们如果应战也不应该在对手选定的战场上作战，这对我们太不利，中国要通过主动向世界展示我们的政治经济成果来体现社会主义制度的优越性和马克思主义理论的先进性，加大马克思主义理论的研究细化和宣传，这是一个对全人类来说都极其重要的工作。大道阳谋，笔者认为我国可以联合世界上的社会主义制度国家以及一些国家的马克思主义研究者和政治团体，共同发起一支学术研究基金，为世界各地的马克思主义研究者提供支持，用长期思想来战胜短期行为。

2.3 在危与机的思维转换中引领人类社会前进

我们知道危机期中期的世界经济重置直接颠覆了原有国际秩序，现在正是处于危机期中期，这是一个历史性的机会，中国作为一个负责任的大国，要抓住这一时机，有意识地主动参与新的国际关系与秩序的形成，缔造一个真正完全基于平等基础的世界新秩序。有一个问题就是人民币的国际化问题，人民币国际化是完全的西方经济学思维，是走美元的老路，我们在前面讲过去美元和去黄金，这是一个需要深入研究的问题，美元的问题我们后面还会讲，人民币的国际化需要在对货币功能进行深入研究之后再做决定，现在有很多比人民币国际化更危急的问题需要研究。危机期中期，世界经济的重置也必然重置我们的认知，一直认为对的东西是不是真的对，放在一个阶段对的道理在全周期范围内看还对不对……。很多东西需要重新审视，要从整个人类社会进步的角度重新思考既往的国际政治、经济、关系等，力争在重塑中展现人类命运共同体思维。

（四）私人企业家要有意识向国家捐献资产

1. 主动纳入公有制体系，和国企站在同一立场上，争取生存

改革开放实现了马克思主义理论与中国社会的一次平层突破，使中国经济迅速腾飞，同时也为私人企业的发展铺平了理论与政策道路。发展至今，私营企业已经成为中国经济的重要组成部分，私营企业的灵活性，更使其在新业态、新经济领域迅速发展，成为这些领域的主导力量。然而，在经济周期的不同阶段，企业实际有着完全不同的生存环境。从时间对照上我们已经讲过了，中国的改革开放处在世界经济发展的滞期，在这样的历史性机遇期，外围资本过剩严重，所以才有了世界资本快速涌入和支持下的中国速度，私营企业和国家一起享受了这一福利，并迅速壮大，但是到了危机期，绝大多数私营企业也是因为发展过快而积累的一些问题，逐渐开始显现，纷纷陷入经营困境，甚至有一些破产。私营企业是企业家智慧和个人努力的硕果，同时也是社会财富的一部分，是社会发展的推动力，更是社会分配的有效渠道。但是，私营企业也因为方方面面的问题出现短命化趋势，抗风险能力普遍弱于国企，这是由其所有制性质决定的。我们知道，危机期的中期是一个巨大的经济重置期，说是企业坟场一点都不过

分，评测危机期中期是否已经过去的一个重要标志就是看还有没有跨国公司倒闭，中国的绝大多数私营企业的实力还很弱，不太可能独立抗住经济危机的冲击，哪怕是“鳄鱼变蜥蜴”的可能也没有，要保住这些私营企业的唯一可行方法就是捐献给国家，使其变成国企的一部分，主动纳入社会总体系来重新界定其行业位置，以确定其后期走向与去留。在这里要说明一点，捐赠给国家并不一定就不会倒闭，对这一个危机期的心理准备越充分越好，前面已经说了，世界经济可能退回到平衡期中期甚至更坏，中国经济也要通过降增速最终完成降体量，在这样的环境下，国企能保住多少也不是一个确定的数字，整个社会需要根据不同行业的自身需求来重新界定行业总体量，再根据不同企业和行业中的位置来决定去留，这是一个综合的考评过程，只是站在国家层面看可以是主动行为，而站在私人层面看永远是被动的，捐赠给国家，主动纳入公有制体系，活下来的概率会更大！

2. 私营企业要在从小到大的成长中有意识地完成由私到公的转换，始终做社会发展的推动力

一些处于新经济领域或新业态的私营企业，因其所处领域特点，可能对本轮经济重置的冲击感觉并不明显，甚至还有可能不断壮大，这一部分企业是不会灭亡在这个重置过程里的，那这些企业是不是也应该捐赠给国家呢？回答是肯定的。在社会主义公有制体制下，公有制要在体量上占到主导位置才能保证社会的运行方向和运行速度不被干扰，任何私营经济，开始时都是公有制经济的重要补充，它的存在是有利于公有制整体运行的，是社会发展的促进因素。然而，当它大到一定程度时，尤其是大到在某一领域里影响公有制经济的主体位置时，它就会影响社会整体运行速度，从社会发展的促进因素走到了反面，这一位置变化决定它处处与社会经济碰撞，最终消亡。为防止走向消亡，最有效的办法就是捐给国家，使企业成为公有制经济的一部分，如果足够大，更有可能成为公有制在这一领域的支柱企业，还可以更大、更强，因为公有制企业才是完全的全民利益的代

表，越大说明全民利益越多。这里顺便说一下最近一直存在的一个争论：国进民退，这个争论至少存在两个问题：第一，国进民退说的是企业和企业在市场中的主导地位，那这个“民”其实不是大家主流理解意义上那个“民”——群众，国进民退里的“民”说的是民营企业，是“私”，而国进民退里的“国”才是我们广泛意义上理解的那个民，国营企业是全民所有的，是“公”，国进民退的争论确切地讲应该是“公进私退”。国进民退的提法本身就是在偷换概念，混淆视听，这里面一定藏着不可告人的目的；第二，“公进私退”放在社会主义制度下的世界经济危机期里，是全民保障水平的提升，这有什么问题吗？与公争利就是与民争利，这种争论说明争论者从思想上已经站到了公有制的对立面，站到了人民的对立面，立场出了问题，国进民退的争论本身就不应该有，更不用说内容是对还是错。

3. 财富过度向少数人集中将影响社会效率，这会阻碍社会进步的速度

不仅是运营性资产，所有资产都面临一个集中度对算法的影响问题。经济统计一般关注两个方面：总量和人均。少数人占有过度财富时会使人均数据失真，会影响政策准确性，影响社会的交换过程，进而影响到社会经济的发展。我们在前面讲需求的刚性与弹性分割线时讲过一个问题：弹性消费能力可以转化为投资，离分割线越远（即个人财富里剩余越大）的个人财富转化为投资的比例越高，这些投资将使供求矛盾更加突出，加速过剩的形成，这和体制没有关系。资产捐赠形成了一个过度集中资产的二次分配，以及财富从资本端向消费端的转移，有利于平衡供需矛盾，使货币分配下的人均概念更真实。巴菲特捐了，比尔盖茨也捐了，大家猜测的原因很多，但是两个资本主义世界的精英都选择了捐赠财产，这里有没有深层的原因？趁这两个人还活着，希望有人有时间去问清楚，其实不管什么原因，捐赠实际起到了上述效果。

4. 个人捐赠需要完整的社会体系支持

对于捐赠，现阶段还欠缺一些流程上的准备，这可能也是除财富观念以外的另一个影响捐赠行为的主要原因。首先，政府要有一个明确的针对

捐赠者的行为肯定，这不仅限于即时肯定行为，针对捐赠物后期的负责化处理，是比即时肯定更重要的肯定行为。其次，要有一套完整的，全程在法律和制度保护之下的透明而且高效的对接流程，要对捐赠者负责，要对捐赠物负责，充分征求捐赠者意见，顾及其感受，成立以捐赠者为核心的第一批管理运营团队，以使过渡尽可能平滑。个人捐赠在以后的很长一段时期里会逐渐成为新经济形式，新业态下公有制经济总量增长的重要方式，因为这一方式结合了私有制初创企业的灵活高效和市场反应灵敏，以及成熟大企业需要的稳健和大体量运营能力与雄厚资本支持的多重优点，是企业快速发展的最优路径。最后，要结合财富观教育，把捐赠的教育社会化，创造一个良好的，对创业者认可和尊重，对捐赠行为的认可与尊重的社会氛围。去除社会性仇富风气，仇富风气实际上来自仇富者本人内心的悲感，这是不健康的心理状态，如果全社会仇富，那说明社会教育出了问题，仇富是深度拜金的表现，这些都不是适合捐赠的社会环境，要从法律制度到社会风气，创造一个适合捐赠的社会环境。同时，一定要注意一个问题：任何法律制度都应该是中性的，不要从法律制度上有劝捐行为，更不能有强制的意思。

（五）对市场的深度理解——中国经济的未来

1. 市场的本源是什么？

深度理解市场就要从其出现的起点来分析，最早期的市场肯定要早过货币的出现时间，在没有货币的状态下，市场是一个简单的集中交换场所，是商品流通的最简式。后期市场的所有功能都是在这个最基础的功能上发展起来的，但是由于研究的片面性，把一些虽然在市场流通中体现但实际上不属于市场功能的东西加到了市场功能下面，尤其在货币出现之后，由于对货币认识的不够清晰，所以出现了一些对货币的错误理解，以及基于这些错误理解而出现的错误使用。这些错误带来的问题并不是市场的问题，市场就是个交换场所，是一个流通的节点，它和货币没有关系，同样也和社会性质没有关系，和商品过剩与短缺也没有关系，今天的市场之所以复杂，其实绝大部分是对货币错误理解的副产品。

2. 计划经济与市场经济和社会主义结合的基础

我们经常说的计划经济与市场经济这两种经济形式，实际上都是生产形式而不是交换形式。先说计划经济，社会化的计划性生产，必须有一个前提：生产资料公有制。很容易理解，你要知道全社会有多少生产资料可以参与生产活动，同时还要能调动全社会的生产资料，只有满足了这个条件才能进行全社会的计划生产。而且计划经济并不只存在于社会主义公有制，在人类社会的早期，私有财产没有出现之前，群体的生存活动都可以理解成计划经济，计划经济和绝对平均也没有必然联系，人类早期公有制分配食物时，大人和小孩肯定不能分同样多，当时的公有制是因为食物太少，而生存又需要种群最大化，所以才有了相对平均概念。计划就是利用可以调动的资源来设计解决问题的方案，以便从中找出最佳方案，计划经济当然就是利用可调动资源来寻找社会经济（人类发展）问题的最佳方案，它本身不属于任何社会性质，但是从社会资源调动能力讲，社会主义公有制是直接掌握一切社会资源的，社会主义公有制和计划经济的结合是因为公有制是实行计划经济的先决条件。从这里我们可以理解，计划经济是从总量上来考虑问题的，更倾向于前端控制。再说一下市场经济，市场本身和社会性质没有关系，但是其商品集散的功能客观上为生产者提供了一个数量数据，而资本主义私有制情况下，社会资源总量是不被政权掌握的，即使通过各种方法掌握了数量，还是不能调动这些资源，因为它是私人财富。在这种情况下，只能通过市场机制来配置资源，完成社会化大生产，说到这里大家基本清楚了，资本主义私有制本身不具备实行计划经济的前提，只能实行市场经济。

3. 供给和需求的三个对应状态

这里我们不分刚性和弹性，我想大家也能看明白我想表达的意思。

我们在分析供给和需求时已经讲过了，需求是站在主导地位的，供给要主动适应需求，社会发展才能呈现良性。供给和需求对应的三个状态：供给小于需求——短缺，供给满足需求——平衡，供给大于需求——过剩。在这三种状态下，两种经济形式有什么不同表现呢？我们举一个例子来说明。

3.1 食物与人的对应问题——短缺

计划经济之下，够六个人吃饱的食物，现在要养活十个人，在计划经济下解决就非常简单，每个人都少吃一点，保证十个人都活下去；而市场经济下可能就复杂了，首先是不知道食物和人各有多少，退一步说就算知道了有多少，不管按什么原则来决定选择的顺序，每个有权利选择的人肯定都选择吃饱（市场机制尊重参与个体）。那最终结果是六个人吃饱了，这是最佳市场状态，可能还会有先出现够三个人吃饱的食物而只来了两个人吃的短期过剩假象……市场经济下，即使是最佳状态也还有四个人没吃到，那就会有第二次修正。当第二次对应出现时，上次饿着的人不仅要先去，而且吃饱了还要多拿一份，防备下次吃不到，结果这次可能就是超过四个人饿着，最终出现的结果就是有人吃饱了还存了许多食物，而饿死的却不止四个人。人类社会的任何活动的对错都应该以适不适合人类的生存来评判，饿死人肯定不行。

3.2 食物与人的对应问题——平衡

计划经济体下，食物够十个人吃饱，正好有十个人，则都能吃饱；市场经济下，十个人的量十个人吃，更简单，在这种情况下计划经济看上去是复杂的，而且既然知道都能吃饱也就没人为生存着急了，滋生了懒惰情绪，而市场经济就没有这些问题。但实质呢？没有计划怎么知道是正好达到平衡？而懒惰和计划真有直接联系吗？懒惰有没有教育诱导方面的原因？

3.3 食物与人对应的问题——过剩

计划经济下，食物足够十五个人吃饱，但是只有十个人，那拿出够十个人吃饱的量就可以了，再多就浪费了；市场经济下，全部食物都要流通于市场，最后当然是多了五个人的食物，只能扔掉，而没卖出去扔掉的那部分食物的生产者一定选择下次早去交易，因为在他看来是去晚了造成的交易失败，实际是因为总量对应上过剩了，才造成这部分食物无法交易，他可以早去，但总有够五个人吃饱的食物要浪费掉，直到交易参与者里的实力薄弱者退出食品供应，过剩才有可能扭转。

大家一定已经看出来，在供需三种不同的状态下，计划经济和市场经济的不同表现中，实际是计划经济更优，只有在供需趋于平衡时，市场才表现出高效率。但是还有一个问题，市场本身是回答不了的，那就是怎么知道是供需平衡状态呢？相对于计划经济而言，市场经济的取样点和调整点都过于滞后，所以有可能出现许多因为样本采集点的滞后带来的修正能力灭失，市场经济本身不能解决经济危机问题和这一点有着直接关系。

4. 货币参与下的市场弱点被无限放大，要有强有力的管控手段与边界界定的提前量

前面我们讲的食品与人的对应是一个最简化的例子，是无货币状态的，所以一切问题都是同一市场内的问题。但是，货币参与后的问题就开始通过货币渗出这一市场，货币参与市场交易之后，一切商品都在市场中获得了一个公允价格，这就是我们前面讲的市场标价效应。标价效应有很多好的作用，这里主要讲一个极大的标价效应带来的问题。我们最前面讲过，市场表达最真实高效的阶段是供需平衡阶段，在这个状态下，商品的货币表达总量和消费总量是相等的，比如，10 元一个的商品有 10 个，那货币表达的商品总量是 100 元的商品，在平衡状态下这 100 元的商品全部被使用掉，但是当短缺和过剩状态出现时，问题就来了。先看短缺出现：市场需要总量 100 元的商品，但是实际只能供给 60 元的商品，也就是说差了 4 个商品，怎么解决？已知这种商品 10 元一个，以这个价格向供应商预定下一次供应，结果下一次的六个也就是 60 元商品可供交易的就只剩了 2 个，即 20 元的，也就是说标价效应使短缺积累，最终因无商品可交易造成市场崩溃了。还有一个方向就是大家说的市场价格调节机制，6 个商品卖 100 元，

货币表达的是平衡状态，但商品角度看还是少了4个，短期没有消除，只是被掩盖了。例子虽然不是很严谨，但是足以说明问题了。相比于短缺，过剩的问题在货币情况下就更大了。10元一个的这种商品市场上需要10个来达到平衡，现在市场上有30个这种商品，10元一个卖掉10个以后还剩下的20个也同样被标价了，虽然卖不掉，但是知道它的价格是10元一个就可以先抵押后把钱拿回来。市场只负责标价，并不负责界定是否出现过剩，而过剩商品可以理解成是没有用的，也就是说应当灭失不再进入循环体系，但是因为市场为过剩商品提供了标价，因而形成了金融的空转（支持空转的金融行为都是过度金融），标价效应是金融的支撑点而标价功能本身没有边界，就是说过剩可以无限放大，这显然已经不是一个简单的商品概念。还有一种问题要注意，就是当这个市场估值10元的商品去抵押时，为了防止价格波动影响抵押安全性，一般都有一个抵押折价，比如这个10元的东西抵押价格是5元，那抵押者想要拿到抵押价格是每个10元钱，那只能让这个商品的市场标价是20元，在影响抵押价格的两个因素中（商品原价X折算率=抵押价格）折算率是由接受抵押的人来决定的，所以抵押者只能想办法到市场上寻求调整标价，但这个后果比金融空转的严重程度更甚，我们为了说明道理，讲的例子基本都是最简式，实际问题在形式上可能复杂得多。

市场作为商品交换集散地，表现出来的所有这些特点，在业态复杂化之后会在很多有市场功能的地方体现出来，比如流通的节点，因为影响市场的时效性进而引发标价变动，以及新业态中的一些新的流通形式比如数据流……在社会主义公有制的经济体系中，产业资本及产品是以公有制经济为主导地位的，但是要有一个准确的标价和通畅的流通作为保障，才能保证整个社会经济的高效运转。而为防止出现利用标价效应反向挤压生产资本以及通过标价权来干扰金融稳定的情况出现，所有大型市场体系和流通体系都必须国有，并用立法来保障。而且对未来可能具备市场功能的新业态里的东西，不仅要提前介入，而且要尽早通过立法为其划定边界，立法必须先行。

5. 中国经济的未来

新中国成立之初，中国实行的是完全计划经济体制，前面讲过，大部分情况下，计划经济是优于市场经济的，但是很少有人能从一个系统而专业的角度来观察这一问题，计划经济体制在新中国当时极度薄弱的经济条件下，不仅保住了人口，战胜了自然灾害，而且快速完成了经济积累和多项重建以及公有制经济的快速增长，这为后面改革开放中公有制经济占比的保障奠定了坚实的基础。其实，所有对计划经济的质疑都应当是对当时的短缺条件的质疑，不是计划经济造成了短缺，短缺是由建国时的经济基础决定的，不仅不是计划经济造成的短缺，恰恰是计划经济帮我们战胜了短缺，在当时那样的恶劣条件下，最大程度地保全了人口，以新中国成立初期的经济基础去迎战当时的自然灾害和国际封锁，如果不是计划经济，结果会是什么样大家可以设想一下。计划经济是一个总量思维的经济方式，是非常科学的，而且越宏观，越科学。改革开放之后，市场经济来到了大家面前，伴随的是经济的飞速发展与一日千里的生活变化，然后就开始有声音说市场经济好，市场经济优于计划经济。我们分析过，中国的改革开放为什么让经济发展那么快，那不是市场经济的功劳，那是一个历史性时机，从人口决定市场最终体量的角度看，改革开放的成功也是因为计划经济保住了人口，是计划经济优点的展现。认识到计划经济的优势并不是就否定了市场经济，对市场经济的优势我们也讲过了——高效率（因为不算账，不做计划，省时间），但是它只在供需平衡时才是真实的高效率；市场经济本身倾向于微观，因为微观不容忍太大的供需偏差，而且越微观，越灵敏。至于社会主义计划经济和资本主义市场经济哪个更优？我想这个大家看完前面写的东西就明白了，这个无法判断。中国既经历了计划经济，又经历了市场经济，结合对两种经济形式优势的对比，最佳的中国经济模式未来的顶层设计应该是计划经济，用以界定边界来保持供需的平衡发展，而底层运行市场化，用以提高效率的复合经济模式——集约经济，这样用两种经济形式来形成互补，达到既不浪费，又高效运转的目的，因为有计划经济成分，所以集约经济也只有公有制前提来保障才能实施，而要市场最优需要供需平衡。所以，从这一点看发展相对慢的其他社会主义公有制国家在市场开放程度上还是要视自己的情况而定，走向集约经济，虽然是社会主义公有制经济的方向，但也要视不同国情而定，至于私有制为主体的其他经济体，要走向集约经济显然有一个致命的问题就是所有制形式，走向公有制是集约经济的前提，也是私有制走向集约经济要跨过的一道鸿沟。

（六）关于东北振兴——平衡经济学的思考实例

平衡经济学是一个全新的经济学理论，它虽然突破了既往对经济问题看法中的诸多模糊，甚至错误的认知，给大家带来了全新的理解经济问题的方法，但是其也有自身的问题，就是缺乏实例，这给大家理解平衡经济学理论造成了困难。我们结合一个实际问题——东北振兴，来讲一下平衡经济学的思考实例，在帮助大家理解平衡经济学理论的同时，也对中国社会经济面临的一些当前问题，比如区域经济发展问题，货币与金融问题，商品流通问题，以及今后随着社会的发展、科技的进步带来的真实就业岗位下降之后的分配改革问题……做出一个打包的一体化思考。要写清楚社会的发展是一个复杂的问题，我们主要选几个关键点来分析，其余的交给时间来解决。

1. 东北经济现状的成因

东北在新中国的发展史上有着其他区域不可比拟的重要地位，这个拥有着众多个中国第一的区域，在新中国的建设中，从工业到能源都曾经是新中国的支柱，是中国经济最有活力的地方。但是随着时间的发展，东北工业形势单一，再投入不足问题开始显现，资源枯竭之后，依托资源而生的工业生态也随之消亡，国企逐渐增加，到国企改革时，东北成了职工下岗的重灾区，收入明显下降，在本地就业困难，国企职工众多从东北的优势变为东北的劣势，而在外界经济迅速发展的合力作用下，东北开始出现了严重的人口外流。前面我们讲过，人口数量是一切经济活动的最终边界界定因素，人口的持续外流使东北的经济体量不断萎缩，造成了东北经济的持续衰退，这是一个非常经典的衰退路径，许多最早的工业区在工业技术不断发展之后，最终都会成为最落后的地方，最先走向繁荣的地方，资源也是最早被消耗光的，这样的例子在世界范围内比比皆是，且目前还没有任何一个振兴成功的案例，可见这个问题的难度之大。

那是不是这种衰退根本无解呢？也不是，东北和全世界范围内类似于东北这种衰退模式的区域，要振兴经济，其实找到衰退的原因并不是一个困难的事，先进程度下降，导致群体收入下降最终导致人口大幅流失，这些区域基本清一色地走上了这条路，但这只是最表象的；那我们来分析人口流失的真实原因，看看走的人都去了哪里和从事的新行业就基本清晰了，国企改革的下岗技术工人，基本都去了南方，尤其是江浙沪，是伴随着民营企业的大发展走的，这是当时的金融支持重点，再后面是下岗工人子女这一代年轻人，他们基本都去了房地产发展最快的一二线城市和沿海城市，这也是当时的金融支持重点，最后离开的是这些人的家长，他们追随子女而去，没有明确的资金支持导向，但是重合了他们子女离开的路径，他们的离开给东北带来的问题是把最后的、应当在本地消费的养老金也带走了。我想到这里大家基本就明白了，引发人口流失的根本原因是货币的投放方向——金融支持领域，是钱把人带走了。说到这里，有人想到土地财政的问题了吗？看上去完全没关系的两个事，实际是同一个原因，土地财政的问题不在财政而在货币投向，财政是被动地跟着货币转到房地产和土地上的，所以表面上看是财政问题，实际原因是货币的投放方向问题。人走的真实原因知道了，再看工业衰退这个兴衰更替，如果这个问题也能解决，那东北振兴就可以实现，但这个问题太难了。中国有句古话：“天下之事，合久必分，分久必合。”讲的就是兴衰更替，似乎就是个必然，我们再从世界范围看，玛雅文明消失了，古罗马帝国盛极而衰，古埃及文明现在也已经远去了很久，这些都是远的，而近的有没落的美国汽车城底特律，还有地处东北因资源枯竭而没落的鹤岗……这一切仿佛都在告诉大家，兴衰更替就是历史规律，是不可能改变的。其实，这些事例都是真实存在的，但是根据这些事例推论得出的结果却并不科学。我们这样想一下：既然是兴衰更替，那实际就应该是：兴－衰－兴－衰……的循环，那就应该有循环周期。

再回头看一下我们前面讲的经济周期的结构，大家会发现一个问题，所有的发展速度慢的问题，最后会在危机期通过价格体系修正来抹平，修正后基本是一个全新的赛道。同一起点，唯一能保留下来的属于上一周期的优势只有人口，也就是说兴衰更替的问题看似是历史规律，实际上在每一次转换的点上都有一次在同一起点起步的机会，兴衰更替更多表达的是价格体系重置之后的新旧价格体系的落差，这确实是真实存在的规律，而不是一个由盛转衰的区域就不能再次振兴，只不过在过去的研究中没有人把周期的成因与结构分析得这样清楚，致使出现群体性的概念混淆。——东北振兴从理论分析上看是完全可行的。

2. 东北振兴的理论上完全可行，那剩下的就是要了解东北的现实情况

在摸清家底的基础上，根据实际情况来制订一个完整计划，东北振兴的实例思考我们讲过了，目的是要通过振兴东北来解决中国经济现在遇到的一些问题和以后发展可能会遇到的一些问题，所以这个计划实际是一个中国经济的先行先试的实践计划，不仅要振兴东北，而且要通过振兴东北来解决以后的很多发展问题，所以这个计划的重要性不言而喻。那这个计划的依据——东北经济的“家底”，首先要真实，其实一个真实的统计结果以现在的技术水平来讲，一点难度都没有，统计结果的不真实有太多的人为因素在里面，人为干扰统计结果表面上看可能原因很多，而深层原因其实就只有一个：对这个统计结果的重要性认识不够，而且对重要性认识越不足，夹杂的人为因素就越多。

调查摸底从两个大方向去进行，首先是人口，前面我们讲了，人口总

量是一切经济活动的边际决定因素，而东北经济的难题也恰恰是人口外流问题，所以首先要对人口状况有一个清晰认识，包括总量，常驻数量以及家庭结构分类……越细越好；其次是经济总量，这里要有一些新的分类方法，其中最重要的就是要区分区域性资产与非区域性资产，这是后面货币改革的重要依据。个人资产持有量及其人口对应的资产持有结构和私有资产来源合法性，充分依靠科技，在摸底的同时为资产设置标记，为后期清晰观察其流动规律做准备。知道东北经济的家底之后，还需要知道影响东北经济的其他因素，首先是自然因素，东北由于其所处的自然气候带原因，在很多方面是和中国其他地方有明显不同的，比如基础设施的建设，东北地区年平均施工期在6个月左右，就是一年中只能干半年活，而黄河以南地区基本是全年施工的，所以效率差了很多；这就标志着成本上升了很多，东北绝大多数农作物一年一季成熟，到了山海关内就变成了两季，到南方还有三季甚至四季成熟的，所以在产业选择上要充分重视这些差别，任何一个差别都是区别两个不同区域竞争优势的重要条件，不是绝对的优劣分割依据，要扬长避短，学会利用差别的有利一面。自然条件是客观条件，只能学会利用，不可能完全改变，而另一个问题就是主观因素了，“投资不过山海关”这句话基本人尽皆知，为什么呢？不管它包含多少重意思，其实只说明一个问题——东北的营商环境太差了，这完全是人为因素，是可以改变的，包括法律保障方面的问题也是可以通过立法程序加以修改、补充的，就是有没有决心的问题。要想东北振兴成功，人为因素是首先需要解决的，也是必须解决的。

3. 依据条件制订完整计划，选择正确时机开始实施

3.1 行政建制改革与法律制度的相应调整

现有的东北行政区划是新中国成立后一直延续的，虽然中间有过一些变动，但是基本结构没有大的变化。实际上，在科学技术和信息水平方面都有了大幅提高的今天，行政区划可以有一个大幅度的调整。一套班子管东北，依靠科学压层级。首先是一套班子管东北，有利于从东北一盘棋的

角度去考虑问题，站位更高，打破了各区划地方利益牵制带来的小集团思维；其次是效率更高，一套班子管东北，直接变成了向下垂直的层级，剔除了各省之间的平行层级在行政上需要的协调和讨价还价，再次就是一套班子管东北必然带来班子的被动升格，这为后面的法律法规调整等一系列与行政规格有关的权限提升，为这些方向上的调整打开了政策空间，行政区划调整之后，对行政层级与管理分支也要做压缩和修剪，按照统筹经济的思路来调整行政以及经济服务和管理部门，顶层加强计划，底层尽量少管理，市场因为灵活才有活力，过度地管理影响正常市场秩序，而且运用科技手段提高服务效率并去除人为工作的情绪影响将成为一个指导思想一直保留下去，这样通过行政区划调整和层级分支调整，不仅提高了工作效率，同时大幅削减了公务员数量，为财政减负，以提高财政的转移支付能力，为财政支持东北振兴做好准备。压缩公职人员数量也必然减少民众办事障碍，比如一个公职人员，它每天实际工作有效的部分如果是 2 小时，那 8 小时工作制里的其余 6 个小时的工作起到的作用最好情况是做无用功，稍有不慎就会产生负作用，而且公职人员的职位都有相应的权属性，一个没有事干的公职人员那它行使职务权利肯定是对工作不利的，而公职人员又是政权的代表，它行使对工作不利的职务权利必然损害政权公信力，使政权在民众心中的地位下降，所以削减公职人员的数量要极尽所能，而且对于一些专业性不强且偏向于短期的公职工作，可以纳入志愿者或社会短期用工来解决，即减少了公职人员的数量，又打开了与民众交流和让民众参与的窗口，让参与者成为义务宣传员，让群众对公职岗位有更深刻的了解，进而对政权提高认同度。

设立公务员学校。现阶段的政府公职人员来源明显多渠道化，除了一些垂管和技术性较强的工作岗位从业人员有专门的学校教育外，其他多以公务员考试的形式取得从业资格，尤以政府公务员中通过公务员考试进入的最多，这样取得从业资格的公务人员，除了具有应试教育的显著特点——高分低能之外，还有一个大问题就是专业性不够。设立专业的公务员学校，使公务员教育培养成为一个闭合体系，不仅提高业务效率，更重要的是通过一致性的道德水准和行为标准的养成，提高公务员队伍的正气，以公务员队伍来带动整个社会风气的转变，彻底改变东北的思想意识环境。专业的公务员学校，同时还是政策研究和制度设计需要的土壤，是优秀社会制度的底部准备场所，公务员学校学术氛围的不断提高是东北以后发展的制度设计保障，在这里有一个重点要注意：必须调整选拔顺序，让教育类学校能集中最优的人才与最丰厚的社会资源，名师出高徒，不断提高教育从业人员的群体水平，是提高社会水平的关键。所以，要从思想意识上给教育从业人员重新定位，加大财政支持力度，从物质条件到社会地位，都要有一个质的变化，不能停留在口头上，同时要有专门的教育人员权利保障法，并使这一法律成为地方法规中最高权力法案，用法律来维护教育人员的权利，人的素质是任何一个事业成败的关键，也是东北振兴成败的关键。

按照新的行政区划和政治经济目标对现有的区域性法律法规做调整，用法律法规护航东北振兴。首先是短期内的巨大区划与经济结构、管理结构的调整转向，要先在法律法规层面平滑对接以前的社会运行，防止转向带来的社会矛盾。同时要针对东北振兴的完整计划，依托新的经济结构和区划结构做长期的法律法规的探索，实现法律法规的适度储备，通过对新的法律法规的宣传和讨论，来提升社会对东北振兴的参与度和关注度；其次一个重要工作就是配合政府相关部门，制定在法律总框架之内的捐赠保护法案，力争通过捐赠带来的财富转移来化解历史问题带来的社会矛盾与深度的财富不均衡问题，同时探索以后通过捐赠途径解决更多相关问题的合理性，以法治推动社会矛盾和历史遗留问题良性化解。

振兴东北首先要有一个主观愿望，这是一个全新的思考，所以不要怕出错。失败是成功之母，只要主观动机没有问题，而且知错善改，就会得到社会谅解。客观地说，在这样一个没有成功先例的改革中，不出错误是不可能的，所以从社会宣传上就要给大家营造一个尊重改革先行者，容忍和接受尝试中出现的错误的氛围，只有这样才能有更多的尝试和创新出现，才能使东北振兴提速增质。

3.2 对货币与金融实施全新理解前提下的深度改革

通过对货币的研究与再认识，在东北推行“人民币 + 东北区域性货币（二级货币）”的两级货币体系，这可以看作是东北振兴的关键。首先，用二级货币阻断其他地区经济对东北经济的干扰，我们在前面讲通胀的时候讲过，通胀是有方向性的，发达地区对欠发达地区有通胀挤压，发达行业对欠发达行业有通胀挤压……这些问题都可以通过二级货币的阻断作用来屏蔽，通过两级货币制以及相应的政策，使东北本地工业得到一定保护，区域经济形成一个循环闭环，有利于休养生息，恢复经济。同时，通过人民币保持和其他区域经济的联通，有利于让东北的优势发挥出来，两级货币直接可以锁定一切国家给予东北的优惠政策，使政策受惠区域通过二级货币区域锁定，不外溢。此外，还可以适当减少人民币投放方向变化对东北人口流向的诱导。其次，通过对二级货币数量全新算法下的控制，力争实现币值基本恒定，逐渐脱离现有的西方经济学思想主导的货币理念，为马克思主义经济学的货币研究提供实例。通过稳定币值使经济统计和调控里的变量减少以提高效率和准确性。再次，二级货币纳入地方财政构建一个以市场商品锚定与人口锚定的双锚定组合，形成全新的货币循环机制，二级货币作为主要支付手段后，通过锚定人口的货币投放解决扶贫、失业救济以及社会福利支付等方面的问题，不仅可以加速二级货币的流通，提振地方经济，同时可以一次性解决包括人口外流在内的诸多东北衰退的重要因素，并能逐渐吸引东北人口回流。最后，具体实施中要注意把控节奏，不能急，尤其导入期，二级货币限定使用区域后，以 1:1 比例导入市场，不作任何干预，这主要是先让二级货币被接受，被使用。为了促进使用，可以结合福利制度推广，这里有一个思维层面需要突破的问题——货币发行锚定人口。这和我们一直执行的按劳分配原则有点偏差，不易被接受。

按劳分配是个原则，对于无劳动能力的社会弱势群体可以直接给他们发放生活资料或用于购买生活资料的货币，这在理论上没有任何障碍。中国是一个社会主义生产资料公有制国家，每一个中华人民共和国公民都享有一定数量的国有资产，从这个角度讲直接给公民发放生活资料或货币来保障其生存没有任何理论障碍，实际上这也是分配制度改革的一个尝试，随着科技的不断发展，整个人类社会面临着同一个问题——就业减少。就业岗位的减少直接影响到按劳分配的分配原则的覆盖面，所以固有分配制度也必将面临改革，锚定无劳动能力人口的生活资料或货币发放，是分配制度改革和社会福利发放改革的双重探索。在完成导入二级货币与人民币在1:1比值情况下在东北混合流通之后，再通过区别区域性生产资料与区域性市场的方式，把二级货币独立出来在东北形成区域内货币流通，完成一个由人民币与二级货币分别主导东北内循环和东北与全国双循环的流通体系。

在重新解读金融在经济中的作用的前提下，结合振兴东北的计划，对金融制度进行调整。

我们在讲货币时已经讲过了，货币是交易中分割商品的工具，是个价格标尺，它没有贮藏价值，也就是说货币本身不代表财富，它的作用是提高交易效率。我们再叠加供给与需求的三个对应状态：不足、平衡、过剩来分析，那金融制度的终极目的是对不足和过剩进行干预，使供需尽可能保持平衡状态。也就是说考察一切金融制度是否合理，都要看它对社会的供需平衡有没有促进意义，那金融创新的正确方向也就界定了，东北金融改革在这个框架下进行，既有了边界也有了方向。作为一个区域性的金融制度调整，肯定是针对二级货币的，首先就要以二级货币为基础，在上述框架下重新划定金融工作的范围，即一切与生产和消费不存在直接联系的纯粹寻求数字变化的金融行为应当全部剔除，这无疑会大大缩小金融工作的范围。

其次是金融理念的改变，从整个社会的供需平衡的角度去修正金融理念，以前过度强调存款余额或过度追求贷款和融资总量的思维方式都是片面的，从供需平衡的角度看，对主要金融机构——银行的考察应当放在存贷比上；从整个社会层面讲，存贷比为 1 是最科学的，大于 1 时说明存款过多，交易延迟被过度使用，经济短期有减速风险，而小于 1 时说明贷款过多，交易紧迫被过度使用，经济短期过热风险大。这个是以货币总量与商品总量均衡为前提的，当货币总量小于交易需求总量——实际通缩和货币总量大于交易需求总量——实际通胀，出现时将影响上述指标的指导意义。所以维护货币循环平稳的同时为货币设定时效性以实现与商品的总量增减而同步增减的方法研究是金融调整的重要任务，这需要在二级货币流通的过程中去探索和修正。另一个金融理念改变的目标是建立全社会的净值即优值概念，诱导社会观念转向对净值的重视，高净值是抵抗一切经济与金融风险的最有力武器，任何超出净值的消费都是对未来消费的透支，显然不利于社会经济健康发展。

重新测评社会发展需要哪些金融机构，按需设置。过度的机构设置与过多的从业人员数量是推动金融走上空转的一个重要原因，金融与类金融机构必须国有，非国有的和混合所有制的金融机构要通过这次金融改革来促使其退出这一领域，短时期内退出确有困难的要实行资本托管，由国资运营部门来统一运营管理。

3.3 东北振兴的产业结构调整

这个问题我们从三个方面来考虑。

第一，根据经济周期来研判东北的产业大结构。首先我们前面已经确定现在是世界经济的一个新的危机期中期，从现在向后发展，危机期中期延续之后是一个长度短于中期的危机期后期。找到经济发展的大节奏，然后依据周期内的经济运行特点来看一下，这里是一个全力保人口的时期，显然不适合经济上的大发展，也就是说危机期从结果上看是社会经济的一个衰退抵抗阶段。但是我们再向后看一下，恢复期的第一个产业恢复是农业恢复，而东北正好是中国农业的一个支柱区域，那么如果在保人口的同时按能力适度给农业以一定的保护，使其在危机期损失减小，也就节约了恢复期要付出的用于恢复农业的时间与精力，也就是提前开始了农业恢复。这样在危机期过去之后，整个东北可以在恢复期就领先其他区域，这不仅使东北振兴会大大提速，同时可以向其他区域输出农业产出，发挥全国经济中的东北作用。支持全国的经济发展。危机期虽然不是一个经济发展的好时期，但是它给大家提供了充足的思考时间，在确定了依托东北优势确保农业的同时，依托二级货币体系来细分东北市场上的内需总量与分布情况，研判东北与域外成本差距，为后面其他产业的恢复做好前期研究。

第二，东北产业调整要解决的另一个重要问题是要在社会主义经济理论的指导下重新划定国资经营的领域和范围。首先要通过产业调整来强化公有制经济的主体地位。公有制的企业不仅是生产主体，同时还是社会分配的重要渠道，是公有制经济社会责任的完成者。一个区域内公有制企业的活力就是这一区域的经济活力的展现，国企改革以来，东北国企数量与总量都在不断缩小其在区域经济总量中的比重，而现存的国有企业因历史遗留以及市场化反应速度等原因，生产生存状况也并不好，所以依托分级货币和经济周期变化，在控制性领域投资设立新的国有企业尤其是涉及金融安全与市场稳定等领域，国资必须要绝对把控，通过新老国企的重新结合，构成一个全新的东北国企分布图，成为东北振兴的产业主体。要实现这一目标，详尽的研讨与规划是必不可少的，早动手，多论证为后期工作争取时间。

第三，深度思考东北的产业优势扬长避短。首先说农业，东北作为中国的重要农业支柱地区，这是由东北的自身条件决定的，这一点一直没有变。东北的农业优势逐渐弱化是由于农业作为第一产业，其随着整体经济周期的发展，农业逐渐从重要经济支柱转变为全面补贴支持产业，也就是说不是东北的农业不行了，而是农业本身在经济中的地位不行了。这个产业需要一个新的时机，重新焕发活力，而东北作为中国农业重要支柱的条件没有变。再说东北的工业，东北工业的重要地位，尤其在新中国成立初期的重要地位，这一点是由历史遗留决定的，新中国工业是在旧有的工业基础上通过改造和修复增建起步的，而旧有工业遗留的选址它并不是站在新中国工业的总体布局角度去考虑的，尤其旧中国列强掠夺时期的东北工业，不仅不具备新中国的布局基础，而且其动机也是为了掠夺。所以站在今天新中国的工业总体布局来看，过去的东北工业本身存在着许多先天条件造成的竞争劣势。而新中国成立之初对东北工业的再投入是基于当时的社会条件和工业条件出发的，底子薄，缺口大，在旧有基础上适度配建，既节约时间又节约资源，其实在当时的情况下没有人去考虑市场竞争的问题，短缺时代第一件事想的是怎么才能够用，根本就没有市场流通，全靠计划。多，快，好，省就是优势，究其根本是要应对短缺，所以把“多”放在第一位。

今天从市场角度看到的东北工业不适应市场的种种问题，可以理解成是必然会存在的，同样是应对短缺的思维延伸，东北工业没有足够的再投入。这一切造成了改革开放引入市场竞争之后东北工业的全面衰退，我认为这是东北工业衰退的真实原因。至于有些分析里讲的人为等原因，肯定存在，但肯定不是主因，因为一个或几个人不可能完成把东北工业搞衰退这么大个事，如果是多人合力，那怎么有这么好的一致性？另一个原因是工业文明的发展对短期成本影响带来的兴衰变迁就不只限于影响东北了，而是影响着全国乃至全世界的工业布局，这个好理解：比如，动物（牛马）作为主要运输工具时的布局思维和汽车作为主要运输工具时的差别肯定很大，而火车作为主要运输工具时的布局思维和海运为主体（轮船）的布局思维也一定不同。我们不应该把这一点当成东北工业衰退的主要原因，因为其影响周期太长了，对一个区域的影响需要很长时期才能显现，相反因为这个布局思维是一直在前进的，它不仅不是东北衰退的原因，反而应当成为东北区域工业优势选择中要长期关注的东西，力求投入寿命最长。

其实，东北经济的两个主要方面，即农业和工业，其中农业没有问题，需要着重的是调整工业布局。我们在这里多说两句，其实我们说东北工业或东北地区的优势和劣势时，存在一个隐含的比较对象，而这个比较对象的存在本身又决定了比较方向。如果就东北自身来讲，在没有隐含对比对象的前提下，是无所谓优势和劣势的，都是自身特点。而自身特点是优势还是劣势，不仅在于比较对象是谁，还在于比哪个方面，为什么要说这些呢？就是在东北工业调整的分析中不要有先入为主的好与坏。东北工业的新布局要在世界经济发展与工业发展的方向下结合市场化的竞争要求，在二级货币的东北改革的前提下，分析旧有工业的合理性，决定取舍，不能感情用事，对保留工业的改造与新增工业布局的投入，尤其节点性投入要充分发挥公有制的主体作用。至于优势与劣势的转变则关键看思维方式，比如，东北地广人稀这一特点，如果你去做销售，尤其和人口有关的销售，那肯定不如在人口密集地区有优势，但是这一特点也可以发展许多适合自己的产业，比如，构建中国最大温度变化的房车通道，或是专门划定一条高速，发展完全无限速自驾体验，等等，这一特点就成为东北独有的优势。

3.4 东北的教育改革

教育的重要程度和对社会进步起到的超强推动作用我们前面已经讲过，这里主要讲一下在东北振兴中，教育应当完成的任务。

首先要在教育理念上实现飞跃，切实突出教育的思想塑造作用，把东北振兴计划分级，通过不同形式来实现对社会各阶层，各年龄的全覆盖教育；要有自己的短期目标和长期目标，东北振兴是一段时间中的重点任务，配合东北振兴只能是东北教育改革的一个短期目标，而长期目标还需要回归到更高的站位——整体中国的发展方向乃至于人类社会的发展方向。

通过对具体教育内容的调整，要在对货币新的认知基础上重塑全社会的财富观，通过社会财富观的改变来改变个人的思想和行为，对于因为陈旧错误的财富观诱发的问题要区别对待，对于社会关注度较高的贫富差距问题以及社会腐败问题，在对个别突出而有代表性的情况进行处理以达到回应社会关注的效果之后，更多地要力争通过改变财富观念来实现其自我突破，通过捐赠等渠道主动化解，社会观念的进步才是整个社会的真实进步。

通过教育内容的调整，把伴随社会发展的分配制度改变的渐进过程根植到群众思想中去，并通过分配制度改变的渐进性来说明社会主义制度的不同时期的特点，使群众深入了解社会主义制度的特点，自发形成社会主义制度的优越感，进而提高社会行动的一致性。东北教育的改革，短期要形成一个全社会的共识——东北振兴是东北的机会，更是东北的责任，是整体社会转型的先行先试实验田，要有足够的责任感和使命感。而长期要形成一个在制度优越性支持下的高凝聚力社会，突出制度跟随的主动性的短长平滑过渡的社会风气转换基础。

3.5 东北振兴的时机选择

每一个历史性的事件都发生在一个历史性的时刻，所以任何一个事情要成功，选择一个正确的时机都极其重要。我们知道经济周期中危机期是一个重置期，危机期过后几乎所有的经济差距都被拉回到同一起跑线上，这无疑是东北振兴最好的启动时间点。

在前面对经济周期的分析中已经确定，2008 年的美国金融海啸，为这个世界开启了一个全新的经济周期的危机期，而 2020 年是这个危机期中期的起点，并将一直持续到 2028 年前后才能进入危机期后期，而每一个危机期的后期都是极其短暂的。那么实际东北振兴的最佳启动时间点已经明确了——2028 年之后。在确定了最佳启动时期之后，根据这个时间点结合经济周期中的不同产业的恢复特点，以及需要提前调整的诸如教育、法律制度等，以 2028 年为原点向前后两个方向展开，制订完整计划，尤其向前要抓紧时间，针对东北振兴这样一个庞大计划，7 年准备时间是相当紧张的，而实施的最佳时期是不能错过的，最多到世界经济开启恢复期，东北振兴就必须启动，再晚就真的来不及了。而错过了这次机会，后面可能要再等上百年才有一个新的世界经济周期窗口，当然这是一个基于经济周期的简单推断，中间还可能有比这个窗口期更近的新启动点，但是笔者认为 2028 年已经是一个确定的最佳启动点，为什么还要错过它去寻找下一个呢?

东北振兴要有一个长期实施的思想准备，以东北的土地，人口经济体量来看，振兴东北和振兴一个中型国家难度基本相当，所以绝对不是一个能简单实现的目标，所以计划制订中要有明确的阶段，比如五年规划、十年规划，这样分阶段拆解任务，精准实施，经过四个阶段，大概在 2050 年之前，使东北经济重新站上中国经济的前列。而 2050 年，大概是世界经济周期的平衡期中期。

（七）本章小节

2008 年的美国金融海啸为世界经济开启了一个全新的经济周期。2020 年，新经济周期的危机期中期，人口修正又是以疾病的形式开头的，当然这种大规模的人口修正肯定不会是一个单一形式，后面还会有许多新形势叠加，但是就这个开头形式相对于战争而言还是温和的，这与中国的和平崛起不谋而合。从改革开放开始，中国不仅成为世界经济的焦点，同时也成为社会主义公有制的样本国家，这不仅是世界对中国的肯定，同时也带来了中国对全人类的责任。在新的经济周期开启两年后的 2010 年，在世界经济一片惨淡之时，中国跃升为世界第二大经济体，在给了世界经济希望与信心的同时，也向世界展示了社会主义公有制的活力和优越。

中国的发展虽然已经由万众瞩目转变为世界经济的风向标，但是就中国经济总量在世界经济中的占比来看，中国还没有能力以一己之力逆转这个危机期，甚至想独善其身都非常困难，所以在这一次危机中，以及危机带来的政治格局变化中如何展示中国活力，在世界范围内发挥中国作用，将是一个需要长期思考的问题。这个全新的经济周期，中国的机遇是明确的，在越过了这个危机期之后，中国经济将重新开启高速模式，到这个新经济周期的平衡期中期——2050 年前后，中国有望跃升为世界第一大经济体，在这个过程中肯定有着比以前更多的危险与挑战，甚至于搏杀，所以中国不仅要发展经济，要精研并发展马克思主义理论，还需要真正了解自己的对手，在不抱任何幻想的前提下学会和世界沟通，尤其是和对立面沟通。我们要和哪个地方的人沟通，就要学哪个地方的语言，但语言是沟通途径，并不是沟通成功的保障。要保证沟通成功要从灵魂角度去懂对方，才能知道哪种方式更适合于与对方沟通。

人类社会的发展从其生存方式的角度讲大体有两个方向：游牧渔猎和农耕。而从这两种生存方式演化，最终形成了两种文明：游牧渔猎文明与农耕文明。这两种文明就形成了两套不同的思维结构以及价值观和是非观。游牧渔猎文明因其食物来源本身是移动的，所以要获得食物就要不断地追逐猎物，或移动让猎物得以生存，久而久之，他们对地域的重视程度下降了，而对种群的重视程度上升了。在这个文明的血液里积累了天然的对未知领域的好奇，形成了一种冒险精神，所以冒险家辈出，而是非观上是占有即是正确的海洋法系的起点。

在中国历史上有着众多的王朝，其中不乏游牧文明的例子，最典型的要算是元朝了，元朝的统治者蒙古人是典型的游牧文明的代表，元朝是中国历史上版图面积最大的王朝，它有着中国历史上冷兵器时代最善征战的铁骑，甚至于没有多瑙河拦着有可能征服欧洲也未可知。元朝在中国历史上一直被作为强大的朝代来教育后人。但是，这里有两个文明对同一个事情完全不同的理解，中国历史上大多数时间是汉族来统治的，汉族是典型的农耕文明思维，所以关注疆域，汉族本身不强调征战搏杀（历史上就一直在讲南方才子北方将），所以在汉族人看来，元朝就变成了我们在历史书上学到的那样了。从行为上看，元朝人本身对疆域并不重视，他们更强调征战搏杀，并不在某一个地方设立建制管理，相比土地而言，蒙古人重视的是人口，因为种群壮大了优势才明显，而且这一文化习惯一直延续至今，在新中国成立初期蒙古族还为国家抚养了大量的汉族孤儿。

农耕文明因为是种植获得食物来源，所以土地是第一位重要的，其对土地的边界的重视程度超过了对相邻者文化习惯的重视，骨子里就存在着一种包容性。而土地的边界性渗透到思维中，就形成了与游牧文明完全不同的探索方向——向思想的深层探索，所以思想家辈出，体现在是非观上，形成了规则决定对错的大陆法系的起点。在中国历史上，唐朝可以说是这方面的典范，看大唐盛世的影视，长安就是个理想世界的缩影，不同肤色，不同语言，不同服饰的人和谐相处，更有皇家特使出访天竺，去引进异域文化。

中国文化是典型的农耕文化，但是在与外界沟通时，就有一个前提，要想顺畅沟通，就要懂对方的文化和固有思维习惯。沟通又分主动与被动，主动沟通的情况，实际上主动一方是有一个达成目的的前提意愿的，所以要进入别人的思维习惯，使用对方的文化与对方沟通才容易达成目的。沟通是为了达成目的，而沟通的被动一方完全可以通过主动一方选择的沟通形式来判断其沟通的诚意到底有多大。危机期的中后期是一个国际关系的重建期，要重建国际秩序，叠加中国崛起，那么中国将面临无限多的沟通，当然有主动也有被动，那么提高分辨能力，可以通过沟通完成许多工作，为和平崛起创造有利条件，沟通也并不仅限于外交，军事层面的沟通也是必要的，尤其和游牧文化的沟通。军事甚至比语言更重要，因为游牧文化里的尊重是讲强弱的，他们尊重强者，农耕文化里是讲相互尊重的，不分强弱。农耕文化对强者更多是推崇，两种文明的不同特点决定了其不同的繁荣期，每当人类的活动空间长时间固定的时候，农耕文明都会进入繁荣期，这一时期整个人类社会就会进入稳定期。而每当人类拓展了自己的活动空间，或者确切地说是游牧文化拓展了自己的活动空间之后，游牧文化就会进入繁荣期，而整个人类社会进入了动荡期，这是由两种文明对不同时期社会条件的适应程度决定的。

航海技术的发展开启了殖民时代，带来了游牧文化的最大一场地域扩张，从此之后人类的生存空间——地球，再也没有可扩张的地盘了，也就是从这个时候开始，这一轮游牧文明的上限已经被界定了。虽然后面又经历了两次对既有占领空间的重新瓜分——世界大战，但是并没有拓展，都是在这一上限范围内的重新瓜分。实际上游牧文明不仅没有再拓展上限，扩大其利益，反而因为殖民地的觉醒和世界大战的消耗而损失了自己的利益。而美洲的崛起是以欧洲的衰落为代价的，是一次财富的迁移，不是财富总量的增加速度加快。

前面讲周期的时候我们讲过了，每一次世界大战实际上都是一个经济周期的危机期，现在我们又知道了游牧文明的上限已经出现，而且在这一上限之内已经做了多次重新瓜分，并没有给游牧文明带来新发展，反而使游牧文明走上了下坡路——利益损失，这一次又到了危机期，但是不太可能通过大规模战争来修正问题了，武器太先进，容易把人类的生存空间毁灭了。

实际上不管怎么解决问题，游牧文明的衰落与农耕文明的崛起已经是一个确定的事实，因为游牧文明已经没有办法再拓展上限。另一个极其不利的条件就是人口，现在的发达国家绝大多数是游牧文明国家，而他们几乎都进入了人口负增长期，人口总量是一切经济活动的边界，没了人口基本上就什么都没了，衰落也是个必然。

这是一个从文化文明到社会制度再到经济周期都有利于中国的机遇点，在这里稳住自己的节奏最重要，对于外部干扰政权层面要坚守底线思维，确保政权稳定，而发展上要目标明确，不要被太多的问题影响了发展速度，现在的一些问题用发展的眼光看完全不是问题。同时，要善于学习和检讨，农耕文明针对不同时期的优缺点与游牧文明针对不同时期的优缺点，主动融合这两种文明，只有这样才能走出被文化左右的人类社会的兴衰更替，永葆活力。

第七章　世界现有五大经济体未来的发展走向

（一）抵抗人口重置的结果必然失败

前面讲周期内部结构时讲过了，一个完整周期里的四个时期是相互联系并按时间顺序演变的，完全可以看作一个循环。那么2020年开始的这个新周期的危机期中期显然对整个新周期的运行有着深远的影响，而不同的经济体抵抗危机期中期人口重置的结果又直接决定了经济体未来的发展走向。人口重置的最终目的是社会价格体系重置，所以重置期内的资本动向也对经济体未来的发展以及国际地位有着深远的影响。世界前五大经济体中，中国是社会主义制度的国家，我们单独用一章讲完了，那剩下的四大经济体呢，他们抵抗人口重置的结果是怎样呢？它们在新的周期中将如何发展呢？对这个问题，笔者首先对其抵抗人口重置的结果持悲观态度，结局必然失败，为什么都会失败呢？这是由其资本主义制度决定的。

关于资本主义民主的真实含义，很多观点都在讲这个话题，怎么说的都有，这里面有立场问题，我们不讨论。笔者通过经济来分析资本主义民主，实际上就是一个形式主义的民主或者说是一个感觉上的民主。这个民主类型里的各种自由，都是在资本操控下的自由，这样说可能不太好理解，大家一定还记得前面讲教育的时候讲过的：魔鬼与天使的差别是怎么产生的，就是通过教育。我们回到这个民主问题上来讲一下，比如资本主义的选举，形式上看选民把票投给了他们最了解而且最认同的人，但是有一个问题可能从来没人想过：选民是怎么知道被选举人的存在的？选民是怎么了解被选举人的主张的？被选举人的竞选开支是谁支付呢？其实这一切都是资本付出实现的对社会进行教育的结果，也就是说选民早在没有投票之前，资本已经通过不同的社会教育投入左右了他们的决定。选民负责投票选出他们认同的人，而资本负责教选民怎样选择认同的标准，用这个标准来衡量就肯定是这个人。而在资本主义制度中选民实际和资本是站在对立面的，是同一个利益体里的争夺关系，所以资本对利益的诉求过于直接时，选民会转向其他资本，而选民诉求过于直接时，资本会转移到一个新的民众层。所以每一次的所谓民主选举，实际上就是一次利益的对立双方相互妥协。这样产生的政权同样是一个对立的妥协结果，又因为双方完全没有共同利益，所以这样的政权并不稳定。

资本主义国家的国家真实能力远没有展示的强大，通过上文我们可以理解，实际上资本主义政权的产生就是在资本的操控下来完成的，所以这样的政权它一定是受制于资本的，而不同的资本又形成不同的利益集团，这样利益集团之间是利益争夺关系，而资本与民众之间也是利益争夺关系。政权是多方面妥协达到暂时平衡的产物，一旦短期平衡被打破，政权就首先不稳定了，如果不能达成新的平衡只能换一届政府，所以资本主义国家的真实实力远没有展现的强大，如图 7–1 所示，它给大家展示的是外圈是国家政权，圈内是政权管理下的资本和民众。而实际能力是图 7–2（我们前面在讲苏联卫国战争胜利和中国抗美援朝胜利时讲过这个问题，大家可以结合起来理解一下）。

图 7–1　资本主义国家的表面结构

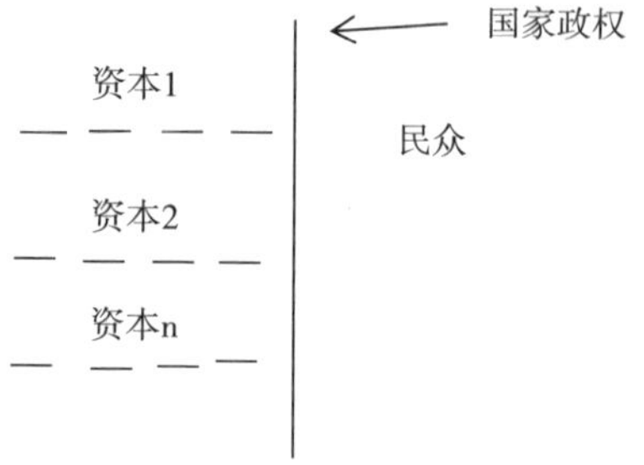

图 7-2　资本主义国家的真实结构

大家看一下图 7-2，资本与民众任何一方的诉求改变，最终结果都是政权承压，抵抗危机期中期的人口重置，也就是要保人口，那么必然有诸如经济增速，物资支持，政府开支等问题需要资本来解决，这还不是致命的，致命的是最终的价格新体系因为要比重置前的价格体系低很多，也就标志着大量资本要灭失，这就触动了资本主义的根基，灭失哪些资本？灭失多少？典型的与虎谋皮，不可能实现。所以，在资本与民众的诉求平衡不可能出现的情况下，只能迫于压力，频繁更换政府，用政治动荡来消耗时间，最终渡过危机期。虽然这种渡过方式最终还会使资本大量灭失，但是对于资本而言这种灭失是被动的，是不可选择的，所以必须接受这种危机期度过方式不可能取得保人口的胜利。——工作还没开始，结果已经可以预见了。

抵抗人口重置的失败就是整个危机期应对的失败，而这一失败又叠加经济体的自身特点，给不同经济体带来不同的问题，进而影响其经济的走势，影响其在未来世界经济中的地位。

（二）美国

作为世界第一大经济体的美国，实际上其发展主导了整个 1929-2008 年，我们分析的这个样本周期的世界经济，同时通过美国经济的大发展，推动游牧文明达到了这一轮兴盛的顶点，也成就了凯恩斯，使其理论得以传播。但是，到了今天新的危机期开启了新周期，我们必须从头再思考一下这些，并从中找到人类社会发展的正确道路，以史为鉴。

1929年的美国大萧条（世界性地一致倾向于凯恩斯的萧条原因解释，这个很多书上都讲过了，不是我们要讨论的问题，平衡经济学对1929年的大萧条和2008年的金融海啸有自己的更深层的解释）因为当时政府的快速而有效的措施阻止了危机的蔓延，并从表面上使经济得到了恢复，于是凯恩斯理论开始被认可并得到推广。但是实际上，美国政府当时的应对方法，只在金融层面暂时控制了危机，并没有实际解决危机的本质——供需严重失衡，反而使美国政府因为应对危机而背上了沉重的债务。

美国人面临的引发经济危机的本质原因——分配不均衡和资本无限生长叠加带来的供给过剩。这一问题，在欧洲大陆上也出现了，问题最严重的是德国，德国人选择了和美国人完全不同的解决方法，他们要重新拓展市场，于是二战开始了，战争快速而巨大的消耗，不仅解决了美国乃至当时主要西方国家基本都已不同程度存在的过剩问题，同时美国通过大量物资的生产和出口以及出兵，解决了应对经济危机时背上的沉重债务，并在战后成为世界经济的绝对主导力量。从这个角度看，美国的腾飞似乎德国的功劳要比凯恩斯大得多。

我们前面讲过了，游牧文明的思维方式是海洋法的起点，就是判例法体系，即前面的类似问题是怎么做的，后面还怎么做，美国对大萧条应对的有效先例，不仅使凯恩斯思想理论得以发扬光大，同时使货币干预金融方法不断在经济问题的解决中被使用，而这一切又被美国经济的不断强大佐证，被全世界认为是对的。平衡经济学看来这本身就是一个理解错误实际上有效和正确是完全不同的两回事，这很好理解，我们想一想干旱和洪涝，干旱应对洪涝和洪涝应对干旱都是绝对有效的，但是，是干旱正确还是洪涝正确？都不是，任何一个区域都有一个合理的年平均降水量范围，超出了都是不对的，我记得我小的时候学过一篇课文叫《小马过河》当时觉得这个童话挺有意思，但是没想到更多，后来又学了一篇课文叫《两小儿辩日》，读来读去也觉得有道理，忽然有一次老师讲坐标系说：“记住这个‘0’，这个很重要，这个不是没有，是个开始……”直到物理老师讲参照物才突然明白了，这些讲的是一回事，都在说标准！以什么为参照来判断问题，课文里讲的都是不同的参照系，是在把不同的标准衡量的事情放在一起讲，如果参照系不统一，即标准不统一，永远也不会有正确结果。我个人认为刚才讲的这些都是农耕文明的思维，美国经济思维继续着有效即正确的方向，并不断在这一方向上继续突破，一直走到了今天的信用货币制度，从根本上解除了对货币的一切限制，这不仅为货币松了绑，更为金融市场拓展了无限空间。

大萧条本身是一个错误，是经济活动脱离了合理区间的一个表现，如果我们把它理解成干旱，那么用以纠正错误的方法——货币干预，本身也是脱离了合理值的行为，可以理解成洪涝，如果中和后使经济回到合理区间，那做法肯定无可厚非，所谓矫枉过正是个必然。但是，如果没有在纠偏后去寻找合理空间，而是沿着纠偏时的方向继续前进，那肯定是又走上了一条和以前不同的偏路，肯定也不对。

有效但并不正确的经济思想引领美国经济的前进，而通过经济体量的不断扩大来放大其思想错误带来的经济错误，经过一个完整周期的积累，美国经济终于又出了问题——2008 年金融海啸，而且这一次用处理大萧条的方法来处理这一次的危机也失效了，失效的主要原因在于 2008 年的美国经济体量已经几何倍数的大于 1929 年的美国经济总量，所以如果通过放水来解决问题，那需要的水量已经不是美国政府所能承受的，根本不用想后面有没有填补这一损失的途径。

通过考察美国经济的三个重要指标，美元总量、美债总量、美国 GDP 总量和其走势，我们发现美国经济的问题比我们想象的更严重，而且已经积重难返，只能走向崩溃。首先，我们看美元总量的走势，从美元的最后一跃——脱钩黄金之后，美元理论上实际再也没有总量限制了，而受合理通胀思想[①]的支配以及世界贸易总量增加带来的美元容量池的增大，又给美元总量增加提供了现实基础，所以美元总量是无限制的稳定增加的。这种温和的总量增加在 2008 年金融海啸后被彻底打破了，依据 1929 年应对大萧条的方法，美联储选择了同样的解决办法——货币注入，这个办法有一个很好的名字叫“量化宽松”，我个人理解这就是和以前的温和通胀不同的批量放水，但是量化宽松的效果不符合预期，于是最后来个“无限量化宽松”。不说大家也知道了，现在回过头来一看才明白，美元脱钩黄金不是什么最后一跃，而是美元总量增加的一个三级跳的第一跳“脱钩黄金（温和通胀）——量化宽松（超量供给）——无限量化宽松（无限量）”美元总量的三级跳虽然没有解决金融海啸的问题，但是带来的通胀是明确的，而且货币超发叠加世界性经济危机带来的美元实际容量池的收缩，使通胀更加显著。

其次我们来看一下美国国债总量的走势，美国国债总量在美元三级跳的影响下也来了一个三级跳，总量在不断上升，而美国的 GDP 增速可以看作是反应美国经济实际水平的最真实指标，其增速远不及美元增速和美债增速，这里就有一个什么问题呢？大家还记得这个图吗？（见图 7–3）

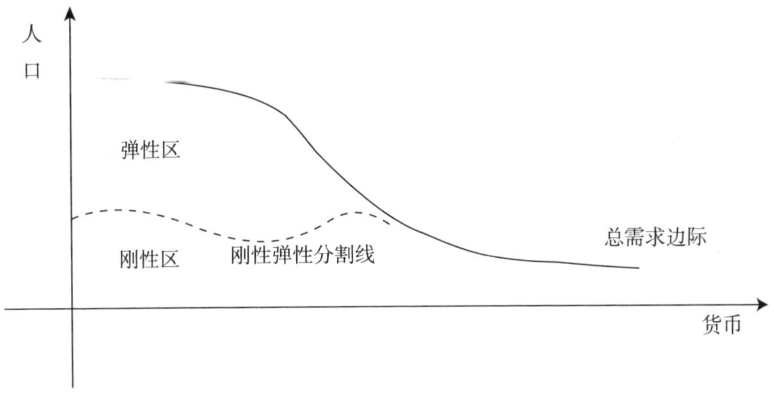

图 7–3　总需求的刚性弹性分割线变化

① 西方经济学把系统内失锚货币造成的系统通胀看作合理通胀。

这就是我们前面讲为什么远期看财富总是向少数人集中时说的，富人越来越富，穷人越来越穷的道理。当美国发债的时候，说明它收入实际已经不能满足刚性支出了，它站在穷人这边了，举债消费的同时就承担了通胀，使债务水平随着通胀不断上升；当美元变得没有上限的时候，美债也应该没上限才对，但是恰恰美债是有上限的，美债上限的一个重要参照物就是美国的 GDP 总量。

在美元总量的上升期，因为总量上升速度的变化，造成通胀水平不同，而通胀水平的不同又反应到美债总量的上升。短期看美债的上限受 GDP 总量制约，在 GDP 增速跟不上货币增速的情况下，美债只能不断突破上限，而每一次突破都会带来国际金融市场的动荡，这显然很麻烦，而且是一个死循环。但是如果朝这个方向走下去，至少还不会马上出问题，还能拖一段时间，但是更麻烦的问题来了，美元总量的上升期结束了。世界经济周期的危机期，通过价格体系的重置使世界经济总量大幅缩减，这导致世界性美元池的减小，所以美元总量被动转向缩减。这带来两个问题，第一是美债的安全性问题，美元总量可以有很多种方法来分散缩减风险，但是美债总量已经被数值化固定了，当美元总量缩减时，美债的反向敞口将变大，而美元总量的缩减一定是伴随着 GDP 总量缩减同步出现的，也就是说债务上限实际在缩减，这给美债的偿还提出了一个主动性要求。

前面我们说过，这一次美国政府债务的解决不可能像 1929 年那次一样通过二战来解决，现在主要经济体之间不敢打，转而通过其他途径解决，将动荡世界政治经济格局，关键在于不管怎么做，美债最终都难逃违约的命运。举例说明一下，一个人一年收入 10 万单位货币时，如果他有 30 万单位货币的债务，它的债务与年收入比是 3∶1，就是它三年的收入够偿还债务，而当这个人生活的社会价格体系重置后下降了一个数量级，变成了年收入 1 万单位货币，那这个价格体系是整体降了一级，包括商品价格与经济总量，价格体系降级后再回头看那 30 万单位货币的债务，债务收入比就变成了 30∶1，他需要三十年的收入才能偿还债务，如果再考虑价格体系重置带来的生活成本在收入中的占比的变化，那这个人不可能还得起债务。

还有美元自身信用问题，我们关注的第一个问题是美债，它比较直观而且容易理解，但是这里有一个更深层的问题就是创造了通胀使美债总量不断上升的美元，它的总量消减也存在着一个自身信用崩溃的问题。美元在输出时，一定有对应的标的回流到美国的，这么说可能不太好理解，大家这样想，不管什么商品都能用货币购买，那货币可以理解成一种通用商品券，美元也是，美元的输出是伴随着商品回流完成的，全世界范围内的所有美元要完成总量缩减，不管用什么方法它最终还是要回到美国的，这必然伴随着商品的外流。在我们讲过的完整交易过程里是没有货币的，大家还记得这一点吗？从完整交易角度去理解，哪个国家输出的货币就是哪个国家给世界打的欠条，美元当然就是美国给世界打的欠条，所以美元总量的缩减速度过快时，对美国经济肯定造成巨大冲击。我们在讲货币时还讲过一个货币运行的系统性通胀——失锚货币，失锚货币就是根本没借到货的欠条。美国经济 GDP 总量与海外货币总量根本不在一个数量级里，所以美国经济不可能扛得住美元回流的冲击，其实就算顶住了眼前这次，也顶不住海外美元总量的回流冲击，而随着社会对货币与贸易的再理解，储备货币最终是要退出历史舞台的，也就是说美元对美国自身的冲击肯定会到来，肯定要面对，但又顶不住这场冲击，轻则全面违约更换货币，重则国家解体，货币灭失。不管哪个，对世界经济的破坏都不逊于世界大战。美国输出美元和美债对世界形成通胀换来的美国的繁荣，最终还会被美元和美债断送掉，那是什么支持着美国的这个做法呢？——经济学理论。

1929 年以来，支持世界经济发展的主流理论是凯恩斯理论，它帮助美国有效地应对了大萧条，同时引领战后的世界经济走到今天。当 2008 年美国金融海啸再起，美国经济重回衰退时，应对 1929 年大萧条的方法明显失灵了，可以说美国经济兴也凯恩斯，衰也凯恩斯。笔者虽然不是专业经济学研究人员，但是也看了不少经济学方面的文字资料，其中当然最多的就是凯恩斯理论解读方面的，毕竟他是现代西方经济学理论的主流之一。

在笔者看来，凯恩斯理论的使用，实际都需要有前提条件作为边界才能保证其正确性。比如我们前面讲的市场最优，需要一个供需基本平衡做前提，在其前提保证存在的条件下正确性是存在的，而其理论也有比较新的思想，比如在对1929年大萧条处理中，直接给市场注入流动性的解决方法，不仅在短期内控制住了事态，更在长期给人们提出了一个重新思考货币的方向，使美元最终脱离黄金。美元脱钩黄金是社会经济学思想的一大进步，黄金不是也不适合做货币这一点，我们前面讲过了。我们往深层看，它还是带有明显的游牧文明特点的——不设边界。这在美元脱钩黄金的走向上得到了印证，直接进入信用货币制度。任何的事物都是有边界的，只是有些显而易见，有些以人类现在的认知还不能发现，游牧文明作为人类的两大文明之一存在肯定有它存在的道理，但是也一定有其思维不能触及的领域，否则就不会有游牧文明与农耕文明的交替繁荣了。

信用货币制度中的美元不设边界，恰恰说明了凯恩斯理论已经到达了思想边界，边界以外的事已经无能为力了，凯恩斯理论后来的研究方向——博弈论，也说明了这一理论思想边界的出现。我并没有看到过关于博弈论的准确定义，或者说我认为可以是定义的，一直在被引用的一致性描述。而就我个人看过的这方面的文字资料，用平衡经济学给博弈论做个定义，它应该是：在总量确定的情况下，怎样利用既有条件获得最大投入产出比。这个以总量确定作为前提的研究说明它已经到了思维的边界，我们对经济学的思考永远应该是以推进人类社会发展为主流方向，这就是宏观的意义所在，而人类社会的发展表现在经济上应该是总量的不断增加，这永远是研究的主要方向。当总量是100时，某个个体获得了总量的50%，也就是说它获得了50，而当总量是10000的时候某个个体获得了10%就是获得了1000，这个10%比那个50%的总量还大了20倍，所以宏观经济学的研究应该永远立足扩充总量。博弈论本身当然有它存在的作用，但是它不应该成为宏观的主流方向，尤其博弈不应该进入政治思维层面，否则将影响人类社会的前进速度，而总量扩张理论是一个共赢思想，有利于人类社会的前进。宏观经济学走向的一个指示灯——诺贝尔经济学奖的评选，在最近几期都指向了博弈论，这也说明了宏观经济学已经出现了边界，实际上从第二个博弈论的研究结果获奖开始，为防止对研究方向的误导，诺贝尔经济学奖应该考虑停发。

还有很多关于经济阴谋论的猜测，这些我更倾向于把它当小说看，到现在为止我不认为凯恩斯理论有其阴谋的一面，虽然在这个危机期过去之后，它会被一个新的理论体系代替，但是从经济学史的角度看，它是非常重要的一环。

（三）日本

世界第三大经济体日本，其在这个1929–2008年的样本周期里的经济成就是值得肯定的，这些方面的资料和分析很多，无所谓对错，认同哪个都是合理的。我们主要讲一下日本经济的分水岭——广场协议。

几乎每个人都认为是，“广场协议”使日本经济走向了下坡路，那为什么日本会甘心情愿签署这一协议？没有广场协议日本的经济就会比现在好吗？广场协议本身是个G5协议，为什么只重创了日本？带着这些问题我们来看看日本经济，我们分开讲广场协议的三个主要内容：

1. 遏制通胀

其实这一条并不针对日本，本身广场协议里没有一条是专门针对日本的，G5国家当时统一面临着通胀问题，就是在当时经济形式极不乐观的美国也同样通胀高启，所以G5上来第一个共识就是要遏制通胀，这一点问题都没有，至少表面上看没有。

2. 扩大内需

开放贸易和开放资本，前面说了，广场协议里没有一条是针对日本的，但是广场协议像一面镜子，直接照出了G5国家不同的经济实力与结构差距带来的问题，从这一条开始日本自身的问题就显现了。

扩大内需要一个国家有足够的经济纵深，也就是潜在的内循环体量，在这一点上日本显然是G5里最差的。

第一，日本是一个岛国，它没有陆地邻国，而且其自身资源储量既低又不均衡，绝大多数的生产原材料需要进口，所以它的内循环从源头上就不是闭合的。

第二，日本的人口虽然在G5国家中并不落后，但是到广场协议时二战后日本的人口生育率峰值已经走过了它高生育率区间，并且这个二战后的生育率峰值并没有再产生一个新的峰值。我们在前面讲人口时讲过这个类型问题的危害，可以回过头去看，这是日本失去的二十年的真实原因。

第三，就是日本的无陆地邻国这一问题使其非货币参与的商品交换形式占比极低，陆地邻国之间的边境贸易在有货币参与情况下可以实现经济发达一方的货币外溢，在无货币情况下实际延伸了交换链条的长度，实现了消费人口总量的增加，这两种情况都可以扩大内需，而且无货币参与的在统计层面更隐蔽而且无前提要求。简单地讲就是，没有陆地邻国就没有了数据的隐性值。

第四，内需的另一个独立领域是国防军事，我们知道每一个国家的军费开支都是占有国民收入的一定比例的，而且这一比例基本稳定，国民收入越高，军费开支也就有越大的绝对值，就是平时说的国富兵强。但是，当财政需要调整时，各国一般倾向于调整军费来完成，这样既调整了财政，又实现了社会干扰最小。日本在这一点上就更别奢望了，作为二战的战败国，条条框框是写在纸上的，而且美国老大哥负责监督，美国人很清楚，日本军事越强大，自己能收的保护费越少，而且对日本的制约能力越小，美国在没有感觉到有比限制日本更重要的事要解决之前，是不会放松看管的，日本这个内需不萎缩都很难了，扩大就别想了。

说到这里读者能理解我们前面讲危机期人口修正时说的，如果有世界性的自然灾害来完成修正，那就给人类提供了一块完美的遮羞布，没有这块遮羞布，打仗也要完成修正的原因了吧？道理很简单，作为内需的一个重要领域的国防军工，在财政政策的不断扩内需的积累下，也已经被充满到必须释放的程度了，二战时德国差一点拿下世界，大家想没想过这需要多少军事储备，这些东西是一天能生产出来的吗？

我们再看看开放贸易和开放资本。这里先不讲日本，我们先说说开放贸易和开放资本这两件事，实际上是商品贸易和资本贸易的两种贸易形式，这两种贸易形式从输出国的立场上看，一个是商品输出，一个是货币输出（资本输出是通过货币走汇率渠道到另一个国家的）。而这两种输出形式对货币的汇率走向是一个向左，一个向右，完全相反。商品输出希望货币稳定或向贬值方向滑动，而资本输出是货币从稳定向升值滑动，这两个本身就要求差别很大。针对日本当时的国情和国际贸易地位，开放贸易是对日本有利的，但是并不是日本最重视的，开放资本才是日本产业转型的方向，日本如果能够从既有的依靠资本来配置资源（中间生产环节在国内）转向立足资源配置资本（全部生产环节都在国外，只把利润拿回日本），那从既有的经济学角度看日本就再也没有经济上限了，这多令人激动。但是，在平衡经济学看来，这是一个理论认知上的错误，如果说到陷阱，这里才是致命的——引蛇出洞。

3. 汇率灵活化

我们认为在广场协议中，前两条都是形式上的，只有这一条才是G5各国真心想表达的意思。各国都按照自己的想法来理解这一条，首先是美国，实际上在当时已经基本完成了实业资本的输出，美国因为其本土不仅没有受到二战的影响，而且在战期调整了过剩，并在世界恢复期过程中成功完成了资本的全球化布局，它不再需要实业资本的大规模输出，而更希望加大商品输出量，短期看是为了平复贸易与财政的不平衡，实际要在长期上起到用商品带动美元在世界贸易中永保霸权，进而巩固美元在国际金融上的地位。这从后来其在金融上的运作可以找到痕迹，而其他四个国家都希望通过资本输出来达到和日本同样的目的——打开经济上限。于是，大家各取所需，一起对美元升值，也就是说对美元升值的不仅仅是日元，而且大家查一下同期数据，就会发现，日元也不是同期升值幅度最大的。

大家一定还记得我前面说的打开经济上限对日本来说是个理论上的陷阱，为什么这么说？一个国家的内循环和国际外循环是通过关税来分开的两个不同的循环池，当本币不是储备货币时，这种分开是有效的，而这种分开的真实目的并不是收税，而是在两个交易池水平不同时，对低的交易池起到保护作用。这个保护的前提就是汇率，也就是说货币是水平面而汇率是高度差，关税是要参照高度差来设置保护措施，使两个不同高度差的交易池能保证池内交易顺畅又能通过关税来实现池间交易。大家可以想一下三峡大坝的船闸，就是这个意思。而关税的税收作用就是个副产品，就是船闸里推动船升高或使船下降的水，但是针对于像美国和日本这样的本币是储备货币的国家，关税的保护和池分割作用淡化了，国际上的日元和国内的日元是同样的日元，不存在汇率，关税就变成了单一的税收作用，而要保证国内交易池的稳定或在可接受范围内波动，只能通过调整国内经济与在国外的经济的体量比来实现，也就是说不可能出现经济上限打开的事，因为国内经济是有上限的，而合理比例又是有范围的，可以直接算出国家在国外的经济总量范围，那它怎么就成了日本的致命陷阱了呢？

如果上面说的大家读懂了，那就很好理解了，要使国外循环的经济总量保持在合理区间，不仅需要测算，更需要对总量实行有效管理，而资本主义制度本身是市场化无序生长的，日本在依靠资本来配置资源时，因为其中间环节在国内，所以不管怎么发展，首先要受到国内经济总量的制约，比如一条身体的一部分在洞里的蛇，不管它怎么大都不可能比洞大，那样就动不了了。而资本输出的结果就是蛇离开了洞，这样就没了限制，随便生长，但是洞实际上是保证蛇的安全的，生长到大得回不了洞，那安全也就没了保证，没处躲的蛇不是随时可能被打吗？陷阱就是这个意思。那如果非要再躲到洞里呢？即使成功了，洞也撑破了，而从后来的走向看，日本确实掉进了陷阱。

对应广场协议的主要内容我们可以发现，本身日本经济的自身特点就有很多地方不适应这些内容，至少比其他国家要不适应得多，我们再回到周期的角度来结合周期分析一下日本在执行广场协议时出了那些问题。日本在 1929—2008 年这个完整样本周期里是一个非常有代表性的国家，大家一定还记得，这个周期的恢复期就是以日本经济的快速恢复为样本的，而广场协议这样一个对日本来说，有着分水岭意义的国际协议又成了我们分割平衡期与滞期的时间点。

大家用我们描述滞期的特点来看一下 G5 各国，发现其经济发展速度也有一定的差距，美国因为在周期里没有经过恢复期这个环节，所以最先达到了过剩，到广场协议时已经开始经济下滑，而作为世界上恢复期最短的日本，到广场协议时也明显感觉到了国内市场的饱和，急需向外输出资本，用以扩大市场范围，其余几个国家虽然略强于日本，但也并没好多少，所以也打资本输出的算盘，才有了广场协议里唯一一条针对于 G5 各国不一致的条款。汇率灵活化，朝完全不同的方向灵活，针对于广场协议的内容，日本在执行中出现了哪些问题？

1. 遏制通胀

针对这里的通胀实际上日本没有任何办法，因为这一次是发生在滞期的，是全球性的，而且是滞涨。大家回头看看前面讲通胀时，我们根据形成的原因划分为两种，一种是经济运行过快——货币流速过快，在流通的点监测是钱跑得太快，这种叫通胀；另一种是经济运行的并不快，甚至于在变慢，货币流速也不快，而是市场里的钱太多，在流通的点监测钱也在越跑越慢，这种叫滞胀。而央行控制这两种情况一律当成数量型来处理，因为央行的手段本质是数量型的，这一次也不例外。大家基本都是倾向于加息，日本也不例外，本来单纯加息也不会出大问题，但是和广场协议的第二个内容放在一起问题就来了。

2. 扩大内需

（1）扩大内需，前面我们已经分析了，以日本当时的经济情况能保住内需不萎缩都是很困难的，怎么扩大呢？最后选择了一个方法，开拓新的内需市场——房地产，并用金融支持来帮助这一新的内需市场快速发展。

金融支持房地产和抑制通胀加息本身是矛盾的，而且人为制造出来的新内需，并不是实际的正常需求，所以它从一出生就让大家感觉到不一样的快，高增速加高杠杆，而这在消费主体的消费能力没有提高的情况下，就是一个透支以后消费能力的行为。这种行为越到后期越脆弱，最终其抗风险能力小到扛不住利率波动的时候，自然就崩盘了。很多分析都认为房地产的泡沫破灭是造成日本开启失去的二十年的原因，但实际上是日本提前透支了这二十年。

（2）开放贸易和开放资本放在一起理解就是开放国内市场和开放资本输出，国内市场本身是内需的一部分，既然都已经透支了，那开放了也不会有什么好效果，倒是开放资本实际成为了日本新的经济活力点。但是好景不长，随着滞期的深入和新危机开启，输出到世界各地的日本资本在市场争夺带来的单边主义抬头，对市场重新分割需求和各国对本国资本的保护逐步增加力度的情况下，真的变成了那条在洞外长大的蛇，而且它极大概率不能通过瘦身再回到洞里保命，因为时间来不及了。

3. 汇率灵活化

这一点至今为止我还是不认为对日本有本质性伤害，而且汇率波动频繁和幅度增大，说明了国际市场的争夺加剧，力度增大，这本身是滞期乃至危机期世界范围内共同面临的问题，不仅针对日本。

通过上面的分析大家应该基本理解了日本经济从广场协议开始走上下坡路的真实原因，其实是在大周期里显现了日本经济自身的问题。从这个角度说日本是没有办法解决这些问题的，首先说世界经济的大周期，日本即使意识到了，也只能是提前防范，但是效果也不会太好，至于具体为什么，大家可以参考这一章开始时讲的，抵抗人口重置必然会失败那部分内容，而我们前面讲的日本经济的自身问题，从广场协议到现在并没有改变，当然有些是受自然条件制约根本无法改变的。其中可以改变的日本的人口问题也并没有得到改善，而且越来越严重。

世界经济的运行在继续，日本经济中的问题也在发展，那么在这个危机期之后，日本会是什么样其实已经是个定数了。虽然日本在寻求很多在它们看来非常重要的东西，诸如地区话语权，军事上突破二战的战后条约束缚，等等，但是“心比天高，命比纸薄”，在这个危机期过后，日本必将退出世界经济的第一阵营，去一个新的阵营寻找自己的诉求。肯定会有很多读者问：“日本那么强大的外储，笔者为什么只字未提？”那在这里我就说一下，结合前面的储备货币与美国的未来，你大概率能自己想明白那些是什么，对日本来说有没有用。

时间会告诉大家一切，因为结果离我们并不远。

（四）德国和英国

1. 德国

在 1929—2008 年这个样本周期里，德国也是一个影响着历史的国家。美国的大萧条开启了这个新周期，而德国人引发的第二次世界大战，开启了整个周期里最惨烈的一段——危机期中期。战争从人类社会的进步角度看肯定是一个错误，但是从经济周期的角度看它又是个必然。德国本身也为此付出了巨大代价，在战后被分成了两半，直到 1990 年才再次实现统一。

1.1 两德统一对德国经济有着深远意义

我们在前面讲共产主义路线图时讲德国的统一是社会义义阵营的一大损失，而这一损失却为德国的发展提供了新的空间，我们把 1991 年苏联解体划分为滞期中期的开始，而德国统一紧邻这一时间点。大家回头看一下，对周期内经济运行的特点的描述就基本明白了，过剩进入全方位阶段，世界急需一个新的市场来扩充经济运转的体量以释放过剩。我们讲中国的改革开放时讲过，中国的改革开放为世界经济提供了一个 10 亿人的新市场，也就是一个世界经济大约六分之一的拓展空间，因为中国的改革开放，这个滞期显得特别长。两德统一给德国带来的好处实际就是一个中国的改革开放与世界经济关系的缩小版，对内循序扩充了市场空间，使德国的全面过剩得到有效改善；而对外，统一以后的德国也扩充了当时整个欧盟的市场空间和劳动力数量，为欧盟发展增添了新的活力，也奠定了德国在欧盟乃至后来的欧元区的领导地位。

1.2 平衡经济学立足于总量研究，最关注的指标是人口

近几年研究这方面的文章并不少，随便找几张趋势图可以看到，两德统一，前后德国人口快速上涨，这是统一的结果，而进入 2008 年这个新周期之后，德国出现了一个缓慢的人口上升周期，而且到现在还在延续，这在发达国家里是罕见的。我们讲人口时讲过，平稳的人口延续和小幅波动上升的人口延续，其人口结构一定比负增长的要合理，尤其从远期看对经济的影响更积极。在两德合并基数扩大基础上的人口上升，奠定了德国在新周期里的发展基础。这里多说一句，在讲日本时我们讲了日本是个战败国，一定有读者会问："德国也是战败国，德国为什么没像日本那样？"我想这个比较和拿中国的房地产和日本的房地产崩盘比较一样，没什么意义，因为影响一个大事件的因素有很多，这里边有些主要有些次要，而主要因素里还分最重要即根源与相对重要即对根源有一定的影响，但并不能改变根源的。比较任何东西都应该比较其根源——溯源比较。

1.3 德国的经济结构是优秀的

经济结构上看德国的经济结构是最优秀的，关键在于其理念的重实业而轻贸易与金融，代表着其工业水平的德国制造，是世界各国努力追赶的榜样，是有实力、有可能凭一己之力把欧洲乃至世界历史改写的国家，其工业底蕴肯定比我们看到的要雄厚得多，而依托其自身的先进而完整的工业，和其在欧元区老大的地位，把自身制造业嵌入整个欧元区制造业中并成为引领者，不仅解决了德国国内需求不足的问题，也通过对欧元区其他国家的支持而稳固了其地区乃至世界经济政治地位。还记得我们讲日本时说日本的地域局限性——岛国，无陆地邻国。看完德国就知道日本为什么没有发展空间了，虽然都是二战的战败国，但是两者有着完全不同的地域生存空间。

1.4 新的危机期对德国的冲击会远小于对世界经济的冲击

首先还是人口，在人口上升期的德国再叠加其经济稳定性相对强于欧

元区其他国家，在危机期乃至之后的恢复期都会对人口有足够的吸引力，只要德国保持现在的移民政策，危机期的人口重置并不能给德国带来太大的杀伤力；其次德国受金融危机乃至经济危机的冲击时，其承受能力要比其他资本主义国家强，这与其完整的工业产业链和多年深耕制造业，并不像其他发达国家那样重视金融有直接关系。因为两德的统一，德国有了一块属于自己的自留地来释放产能，所以德国的过剩并不严重，而德国工业因为其领先程度和产业链完整性决定了其在世界范围内的极强竞争力，所以全球性的过剩对德国工业冲击会远小于其他发达经济体；再次随着危机的深入，欧元区各国之间的经济差距会被不断放大，这更突出了德国在欧元区的地位，尤其英国脱欧之后，德国的地位被再次抬升，危机期过后的德国，其在欧洲乃至世界的经济地位都将不断上升，尤其在欧元区解体之后（笔者认为欧元区解体是个必然），德国甩掉了其最后的拖累，必将一飞冲天，成为资本主义世界最后的希望。

2. 英国

英国从殖民地独立时期开始就已经走过了经济的鼎盛时期，开始走下坡路了，今天的英国可以说是在吃老本，但是吃老本也不容易。

1992 年，英镑被狙击，这件事离今天很近，而且有各种版本的解读，包括索罗斯自己在不同地方的发言。这一重创了英国经济而使索罗斯封神的事件，从平衡经济学角度看一点都不神奇，根本不是索罗斯优秀，而是英国人为全世界对货币的错误认知买了单。大家还记得我们前面讲的货币数量的调减问题吗？英国经济走过了鼎盛之后，其货币的流通范围开始逐渐缩小，而流通范围的减小就会带来一个问题，我们简单举个例子大家就明白了。

英镑在鼎盛时期：

[10 货币单位] ←→ [10 个产品] =10：10

而流通范围减小后，直接结果是对应商品数量减少了：

10 货币单位	⟷	5 个产品	=10：5

现在有两种选择来使货币表达真实，也就是等式成立，第一种是保持货币总量不变，10 个货币单位对应产品数量是 5 个就是 10:5，另一种是保持鼎盛时期 10:10 的比例关系不变，那就需要主动把货币总量调减一半，变成 5:5。到这里我想大家应该知道英镑的错误在哪了。英国人的教学水平好像不太好，这两种使等式正确的选择，英国人都没有选，所以随着时间的发展，英镑和商品对应的等式变成了这样：

10 货币单位	⟷	5 个产品	=10：10

这个显然是错误的，所以索罗斯来帮英镑"改作业"了，但是英国人并不虚心，他们没有选择主动把作业改正确，而是动用一切手段来维护这个错误的算式，结果错误越来越大，并用自己的错误给索罗斯这么一个普通的数学老师封了神。这里有人想到我们前面讲日本经济在这个危机期的严重萎缩问题吗？那日元怎么完成英镑做错的这道题？也需要一个老师来改作业吗？其实，所有的货币被狙击问题的根源都是货币表达值脱离真实值太远，就是英国人做错的这道算术题而已。

英国经济最终要回归到本土思维，因为人类社会的进步不可能使殖民地经济重演，所以英国人要反复去做这道他们做错过一次的算术题，直到其实现本土化经济时，英镑的表达真实。这一次又是一个大考，新一轮周期的危机期，必然使高估的任何货币都无处遁形，即使以前并没有表现出高估的货币，随着危机的深入和价格体系的下行，也会被动走向高估。这并不是英国一个国家面临的问题，而是世界各国共同面临的问题，有区别的只有严重程度。

危机期之后的英国在危机的冲击下经济更本土化，货币表达更真实，那其实际的经济体量肯定是比单纯危机冲击下降得更多，那么英国经济的未来我想大家也就清楚了。英国经济回归到本土思维本身也是游牧文明衰落的体现，而随着游牧文明的衰落，包括伦敦的金融地位等一切光环与英国的骄傲都将一去不复返。

世界前五大经济体因其自身条件的问题，在这个新的经济周期里的表现相去甚远，结果也自然相去甚远，其实一切都早有定数了，现在需要的只是时间的证实。

第八章　讨论四个问题

（一）银行应不应该挣息差

银行的息差是商业银行的主要利润来源，这个存在了这么多年的行业，有没有人想过它的利润来源是不是正确？这个在平衡经济学看来是一个非常值得讨论的问题。这实际是一个金融理念在具体事物上的应用问题，如果商业银行赚取利息是合理的，那也就是把它定位在了企业的范围，那到底应不应该把商业银行定位为企业呢？从平衡经济学对货币与金融的理解来说，把商业银行定位为企业本身并不是很合理。

首先，我们从金融与实体的关系角度来说，平衡经济学是不把货币看作是财富的，它只是为了使交易变得更便利的工具。货币本身不是财富，那通过运作货币再派生货币的金融如果没有了实体经济的支持，那就是虚幻的，没有任何意义的，所以金融应当是从属于实业的，是为实业服务的。而息差本身是一个纯的脱离了实业的利润创造行为，这不合适。

其次，如果站位再高一点，一个国家的金融稳定和安全，是国家秩序稳定的保障。从这个角度看，金融体系本身是国家机器的一部分，国家机器是政府财政支持而服务于国家的，本身不应该有利润产生，第三货币带来交易便利是通过多对多的易货交易转变成多对一的商品对货币来实现的，这一转变就造成了商品流通渠道和货币流通渠道的不对等，货币流通渠道是具有大体量和流通主动权优势的，所以如果允许其获利，会带来诸如利用渠道挤压扩大利润、利用渠道掩护逃避监管，甚至于依托渠道优势淡化政策效力等问题。

再次，我们在讲经济周期的不同时期的信用使用与迁移时讲过，在滞期乃至危机期前期，供需双方都是通过信用使用来延长交易链条以消化过剩的，在这个时期各行业基本都趋于无利润状态，而银行的利润在这个时候实际是信用使用者的极大负担，这一负担很多时候又成了信用使用者破产而产生银行坏账的诱因。可以理解成银行为利润而有可能推高坏账总量，造成金融引发的社会动荡。

最后，如果银行把息差当成自己的目标，那它实际选择的是效忠于资本，那金融体系的安全就被放在了一个被动位置，所以一切的监管都不会起到设想的效果，因为没有主动性，而且一切监管都会制约其靠近利润目标，从这些方面看，商业银行是不应该有利润的，不只是息差，而是任何利润。

如果商业银行不赚取利润，那它的自有资本怎么办，还有什么理由让资本进入商业银行，尤其股份制商业银行，股东的不同资本来源目的都是统一的——逐利，如果银行不赚取利润，那要改革的是其设立的制度与理念，这是一个大结构的变化。现在的问题是，社会怎么理解金融，怎么理解金融体系，怎么理解金融体系的重要组成部分——银行。社会的理解到底对不对，这需要一个新的更高层面的思考，而且这一思考是非常必要的。

（二）欧元区何时解体

欧元从其诞生开始，实际上是饱受争议的，但是既然它能够诞生，就说明支持它的力量比反对它的力量要强大得多。关于欧元的好处与坏处的所有争论，实际上是一个同层争论，没有明确的胜负是因为双方的立足点没有高度差。说简单点就是不存在理论上的高度差，是一个单纯的比谁嗓门大的比较，所以没有绝对的胜负。

1. 蒙代尔和庞统是不是“同一个人”？

大家都知道火烧赤壁的故事吧？为什么能成功？我认为连环计里最重要的环节有两个，一个是反间计，另一个就是庞统献计，北兵不适水战，那把船连起来，铺上木板就连成了大片的平面，甚至可以骑着马在上面跑，这有效解决了北兵不善水战的问题。但是受攻击时怎么办？本来欧盟是一个很好的经济联合体形式，可以一致利益，又可以各自根据自己的条件处理遇到的问题，尤其在经济体之间博弈时，有灵活而多样的应对方式，不至于全部进入正面战场对阵，这对于当时的世界经济格局而言是最优的。当时，与欧盟体量最接近的经济体是美国，美国是一个独立经济体，如果美国想要把欧盟成员国全部打败，几乎是不可能的。蒙代尔先生的最优货币区理论，给美国来了个神助攻。欧元——庞统献计的欧洲版来了，从此欧盟从一个各自独立的经济体的组合，变成了一个共同货币的经济体，这样只要美元打败欧元，那本质上就是美国打败了所有欧元区国家，那结果是怎么样呢？按现有理论来理解，欧元与美元汇率的长期走势已经说明了问题，而欧元区国家希望的那些统一货币给其内部带来的好处，貌似并没有出现，而且随着经济危机期的到来，欧元区已经开始松动开裂了。英国脱欧了。那么问题到底出在哪呢？

2. 平衡经济学角度，支持欧元的理论本身对货币的认知层面有问题

大家一定都熟悉“不可能三角”内容，那么对照前面的平衡经济学对货币和国际贸易的理解，实际上“不可能三角”在平衡经济学里是不存在的，平衡经济学认为货币本身应该是币值稳定的，即与商品存在恒定对应关系，而货币政策是不应该存在的政策，而资本自由流通按蒙代尔先生讲的，实际是把货币当作财富看待的，他指的是货币的自由流动，但是我们前面着重讲过这一点，货币不是财富，没有贮藏价值，大家认为它有贮藏价值是个错觉，自由流动的是等价值那些货币的商品，而商品本身很多有区域属性，就不可能自由流动，即使流动了，它跨交易池时，实际上也就跨了价格体系，这又触及到了汇率生成机制的正确性问题。汇率稳定本身可以实现，但是要让这一个可以实现的东西和那两个理解性错误同时出现，

显然是不可能的，不是“不可能三角”的问题，是这个三角里实际有两个条件本身不可能存在，因为理解的起点是错的。同样是对货币的理解问题才有了贸易逆差，这个在前面我们讲了，在完整交易出现的情况下，贸易是天然平衡的，逆差和对方的顺差相对应，都是交易半程化的结果，所以解决逆差的正确方法是促使完整交易的出现，而不是调整货币，对货币做手脚只能让问题越来越乱。

统一货币理论实际上是对货币的地位人为抬高的行为，是希望通过货币的统一把流通范围外的问题变成货币流通范围内的问题来解决，笔者认为这个想法本身就有问题。从整体看，只要有流通范围，就有范围内和范围外，而且范围内越大，范围外也越大，扩大流通范围并没有解决任何问题，只是把问题向后推迟了。而希望用扩大流通范围来解决问题，它的实质问题是弄错了实体与金融的从属关系，是实体占主导地位，金融占从属地位，还是金融占主导地位而实体占主导地位的问题，这个问题放在市场和货币层面看就是市场占主导地位，货币占从属地位还是货币占主导地位而市场占从属地位的问题。这个问题平衡经济学在前面已经肯定说明了一切金融行为都是为实体服务的，一切货币都是为市场服务的，因为人类最终的所有生存生活保障都是通过实物来满足的，不是通过货币，人饿了要吃食物，不能吃货币，至于你认为货币能换取食物，那是交换与分配层面的问题。蒙代尔先生认为统一货币就代表着统一市场，这在平衡经济学看来是欠妥当的，平衡经济学基于对市场和货币关系的理解提出的是分级货币的立体货币结构，而欧元是一个不断扩大平面的货币理念，不管它有多大，还是 个平层思维，而且越大精度越低。

从平衡经济学理论对货币与贸易的理解来看，欧盟是最适合欧洲现状的经济组织结构，虽然欧元只在这一位置上向前走了一小步，但是也足以把欧洲带入深渊，欧元区必将为此付出巨大代价，甚至解体。尤其在危机期经济压力增大的情况下，很多欧元带来的问题变得非常尖锐，而预期的欧元带来的好处并没有出现，在这种情况下，只缺一把火来点燃这个已经绑在一起的船队了。危机期中期，通过人口重置带来的价格体系重置，非常有可能就是这把火。至于还有很多的具体问题来说明欧元不适合欧洲整体发展的理由，也已经有许多学者作出了解释与阐明。

（三）俄罗斯何时重回社会主义阵营

1991 年的苏联解体，多数的研究者认为是冷战的对抗造成了苏联经济的严重不均衡最终影响了人民生活，造成了民众思想被资本主义侵袭，最终造成苏联解体。对这个问题的思考我们在前面讲过了，这里我们看一下美苏对抗，我在前面经常说一句话，就是“有些事和主义关系不大！”

美苏对抗，乃至冷战被看作是不同主义的对抗。我们看一下苏联解体以后，俄罗斯作为苏联的主体改变为资本主义制度了，而且所有苏联国家都改变为资本主义制度了。按照主义不同造成对抗的观点来理解，苏联解体后，苏联国家包括俄罗斯都已经不是美国的对抗目标了，但事实是对抗不但没有消失，反而有加剧倾向。沿着这个思路再想一下上一节我们讲的，美元与欧元的对抗，完全是资本主义阵营内部的对抗，美国为了控制石油而与阿拉伯世界的对抗，等等。不知道大家感觉到了没有，美国乃至世界说的美苏对抗是主义不同的对抗实际就是个理由，美国的博弈思维决定其一直在寻找体量和它接近的经济体来对抗，用以维持其内部压力的平衡，这个就像吹气球，气球内压力大时气球自动变大来寻求气球内压力与气球外压力的平衡，反之亦然。这也和主义没有关系，我们把这个压力平衡思维放到苏联解体上来想，实际是内部压力抵抗不了外部压力，最终造成了解体，是苏联没有办法来维持其足够的内部压力，这个内部压力的维持是和主义有直接关系的。苏联的解体对共产主义的发展是有相当大意义的，它为共产主义的发展提供了理论研究方向。我们又知道共产主义一定会实现，那么俄罗斯何时重回社会主义阵营呢?

我们为什么讨论的是俄罗斯而不是别的国家？这是由俄罗斯自身的条件决定的。首先，俄罗斯的前身苏联，是世界上第一个社会主义政权，它和东欧剧变中的那些社会主义政权有着本质的不同，就是苏联的政权是人民通过革命获得的，革命获得政权在付出了巨大代价的同时，也教育了民众，大范围的民众参与的革命，就是大范围的群众基础，所以苏联的政权在其中最早期是受群众广泛拥护的。

其次，苏联作为世界上第一个社会主义政权，其在马克思理论上的研究投入是相当巨大的。我们前面讲过了，在共产主义路线图的政权实践期前半段，苏联是样本国家，它不仅负担着社会实践的任务，同时也担负着理论完善的任务，而所有的这些理论研究，不管它的研究成果是什么样，实际上这一行为都对社会起到了良好的教育作用，也就进一步扩展了社会主义理论传播的社会基础。

最后，就是俄罗斯民族对历史的尊重。苏联虽然解体了，但是俄罗斯还是一直把苏联在二战中的付出和取得的成绩作为民族荣誉来纪念的。他们对二战胜利中诸多的荣誉化的纪念，实际上也就宣传了当时的历史，宣传了社会主义制度，对于俄罗斯来说，是他们逆转了二战，挽救了欧洲进而挽救了世界，这是俄罗斯民族历史上为欧洲做出最大的一次贡献，当然对世界也是。只要俄罗斯民族的荣誉感存在，社会主义制度对其影响就一定不会远去。这一切都是其他前社会主义国家没有的优势。而对于没有实行过社会主义制度的国家而言，其群众基础和历史基础更差，从这个角度看，当世界上社会主义国家数量转为上升时，最有可能成为第一个转变为社会主义制度的国家还是俄罗斯，而俄罗斯对社会主义阵营的回归，其意义对于整个共产主义路线图上的进程来说，甚至可能大于苏联建国，所以这很值得期待。

历史是人民创造和书写的，所以俄罗斯人民的选择将决定国家的未来，社会主义制度时认为的资本主义制度的一切优势，在俄罗斯选择了资本主义制度之后到来了吗？或者说感觉到快要到来了吗？理想永远是丰满的，不是因为它好，是因为它给你留了足够的用想象来修改的时间和空间；现实永远是骨感的，因为它定型了，不再有一点虚幻。人民群众最关心的是生活质量，苏联解体之后，人民过上好日子了吗？理论上说就不太可能，因为现代的社会和古代的社会在分工与产业链条上有了明显的不同，而且最小的完整社会分工范围是在一个国家内完成的，苏联作为当时世界范围内的经济大国和军事强国，其依托于国土资源、人口等建立起来了完整而强大的社会分工体系，政权解体的同时这个体系也就瓦解了。而且因为是解体，所以任何一个新生的经济体都远小于苏联，也就不可能有能力重建一个完整的体系，没有了这个体系保障，生活怎么可能变好。

苏联解体带来的另一个需要重新分割的是政治版图以及因为政治站队带来的纷争，就像前面我们讲“欧元如果解体必将重创整个欧洲”一样，苏联的解体重创了所有苏联成员的经济体系，并直接将战火引至苏联内部区域。打仗最直接受到损害的一定是老百姓，这更决定了其生活一定比苏联时差。现实的经济数据也验证了我们的分析，苏联解体后的各国，其中俄罗斯的 GDP 从 1991 年之后一路走低，直到 2008 年前后才有所抬头，但是好景不长，而对于 2008 年前后的这一个 GDP 上升期，我个人也认为是美元贬值带来的统计学上的被动上升，当时世界上一些国家 GDP 能够增长的本质原因都是由于美国应对金融海啸而大量投放美元，这也包括能源价格波动，其深层原因里也是货币因素。一路走低的 GDP 就说明了国家在走下坡路，而被动性统计学的 GDP 上升又是一个纯数学问题，这种上升与民众的生活质量无关，这么看来解体后的苏联各国，尤其俄罗斯民众的生活质量是明显下行的。关于政治民主的问题呢？这个我们已经说过了资本主义的本质了，这里且不说它到底是什么，我们就想想，当人民的生活明显不行时，尤其饿肚子时，是要先努力填饱肚子还是先要民主？俄罗斯在一切都在变坏的情况下，又迎来了世界经济周期的最残酷阶段，危机期中期，真是“屋漏偏逢连夜雨”，夜正长，路正长，还有很远的路要走。

苏联的解体虽然凸显了马克思主义理论体系完善的紧迫性，但是并没有影响马克思主义的前进步伐。1978 年，中国的改革开放，宣告了马克思主义理论的实践进入了中国样本时期，突飞猛进的中国经济告诉整个世界，马克思主义理论的先进性，这尤其能够感招对这一理论有过实践努力的苏联各国，尤其是俄罗斯。事实已经摆在俄罗斯人民面前，现在需要的就是马克思主义理论的主体完善，使苏联人民知道问题到底出在哪里，从实践与理论两方面让其重拾对马克思主义的信心，这需要一些时间，当中国平稳度过这个世界经济的危机期，并在这个危机期中期进一步为世界展示中国的制度优势的时候，可能一切都有结果了。苏联建国是在一战后以人口重置为主要方法的危机期之后，中国和东欧各社会主义国家的建立是在以二战后以人口重置为主要方法的危机期之后，现在，危机期又到来了，在这个危机期之后，俄罗斯有没有可能重回社会主义阵营？

（四）这一次世界经济危机期的道指低点出现的时间和位置

这是最后一个想说的问题了，大家也应该感觉到这本书基本写完了，个人认为经济学最麻烦的事就是理论太多，实际上可能并不需要那么多理论，我们这本书写到现在也还是一堆理论。最后我们来讨论点在不久就会被时间验证的东西，前面讲的是宏观理论，一般宏观理论都不涉及具体问题的，实际上宏观与微观就是个思维方向问题，并没有一个实际的界限，所以宏观上正确的理论多数是可以通过微观上的具体事物来验证的，写一点娱乐性强的吧！

所有关心中国资本市场的人，一定都还记得 2015 年 6 月中国股市那一轮惊心动魄的下跌，这一轮下跌直接被媒体冠名为股灾，其惨烈程度可想而知，给大家看一个操作记录——这是个真实的操作记录，不是刷本！

海通证券北京光华路营业部汇总对账单

客户号：0560059630　　客户姓名 王跃

证件类型：身份证　　证件号码 [illegible]

开始日期：2015年6月12日　　结束日期 2015年8月3日

承上日资金余额：705.36

发生日期	市场	证券代码	摘要	证券账户	成交数	成交均价	库存数	变动金额	资金余额	交易费
20150615	沪A	600516	证券买入方大炭素		18500	16.068	55100	-297452.45	-296747.09	189.45
20150615	深A	002174	证券卖出游族网络		2000	149	0	297523.20	776.11	476.80
20150618	沪A	600516	证券卖出方大炭素		55100	16.222	0	892406.00	893182.82	1463.29
20150619	沪A	600516	证券买入方大炭素		27100	15.050	27100	-408115.97	485066.85	260.97
20150619	深A	002174	证券买入游族网络		4000	121.000	4000	-484289.32	777.53	290.40
20150619			批量利息归本存管建行		0	0	0	101.81	879.34	0.00
20150623	沪A	600516	证券卖出方大炭素		27100	13.240	0	358224.46	359103.8	590.36
20150623	深A	002174	证券卖出游族网络		4000	109.006	0	435325.37	794429.17	697.63
20150624			银行转取存管建行		0	0.000	0	-90000.00	704429.17	0.00
20150630	沪A	600516	证券买入方大炭素		500	11.100	500	-5555.30	698873.87	5.30
20150630	深A	002174	证券买入游族网络		8700	80.218	8700	-698316.23	557.64	418.73
20150702	沪A	600516	证券卖出方大炭素		500	11.560	0	5768.92	6326.56	11.08
20150702	深A	002174	证券卖出游族网络		8700	85.306	0	740976.53	747303.09	1187.47
20150706	深A	002174	证券买入游族网络		500	67.310	500	-33675.19	713627.9	20.19
20150707	沪A	600516	证券买入方大炭素		2900	9.120	2900	-26465.61	687162.29	17.61
20150707	深A	002046	证券买入轴研科技		5700	8.320	5700	-47452.45	639709.84	28.45
20150708	沪A	603328	证券买入依顿电子		1000	21.960	1000	-21973.78	617736.06	13.78
20150709	沪A	600529	证券买入XD山东药		58400	10.566	58400	-617465.28	270.78	405.28
20150714	沪A	603328	证券卖出依顿电子		1000	28.400	0	28353.96	28624.74	46.04
20150714	沪A	600516	证券卖出方大炭素		2900	11.360	0	32889.55	61514.29	54.45
20150714	沪A	600529	证券卖出山东药玻		58400	15.120	0	881560.15	943074.44	1447.85
20150714	深A	002046	证券卖出轴研科技		5700	11.209	0	63789.77	1006864.21	102.23
20150715	沪A	600529	证券买入山东药玻		62000	11.569	62000	-903896.19	102968.02	579.19
20150715	深A	002046	证券买入轴研科技		10000	10.170	10000	-101761.02	1207	61.02
20150716	沪A	600529	证券卖出山东药玻		30000	15.634	30000	168266.53	169473.53	768.47
20150716	沪A	600529	证券买入山东药玻		28600	16.369	60600	-168469.60	1003.93	298.06
20150716	深A	002174	股息入账游族网络		0	0.000	500	71.72	1075.65	0.00
20150724	深A	002046	股息入账轴研科技		0	0.000	10000	95.00	1170.65	0.00
20150727	深A	002046	证券卖出轴研科技		10000	11.900	0	118809.60	119980.25	190.40
20150728			银行转取存管建行		0	0.000	0	-10000.00	109980.25	0.00
20150728	深A	002046	股息红利扣税轴研科技		0	0.000	0	-15.00	109965.25	0.00

请注意：交易类资金变动的变动金额为成交金额含费用（如印花税、手续费、过户费等）！

客户持股清单

以下为 沪A 市场的股票余额

证券账户	证券代码	简称	库存数	可用数量	参考成本	最新价	最新市值	盈亏	待交收数量
	600529	山东药玻	60600	60600	14.919	17.160	1039896.00	135796.74	0

以下为 深A 市场的股票余额

证券账户	证券代码	简称	库存数	可用数量	参考成本	最新价	最新市值	盈亏	待交收数量
	002174	游族网络	500	500	67.207	89.530	44765.00	11161.53	0

以下为 以上市场的股票余额

证券账户	证券代码	简称	库存数	可用数量	参考成本	最新价	最新市值	盈亏	待交收数量
	002174	游族网络		0	0.000		1084661.00	146958.27	

注意：股票库存数为昨日余额，当日买卖和市值仅供参考，具体数据以登记公司为准。

以下为“人民币”的资金情况

资金余额	可用资金	市值合计	资产合计	买入未过户金额	卖出未过户金额
109965.25	109965.3	1084661.00	1194626.25	0.00	0.00

同期上证指数走势：

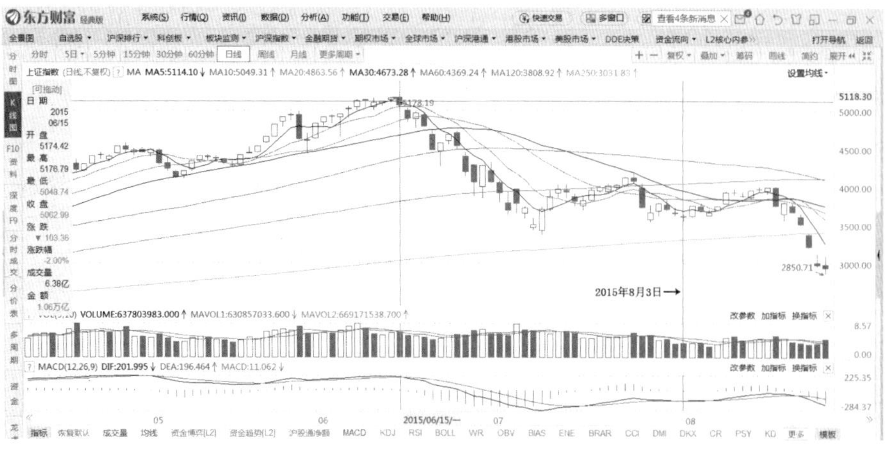

这样肯定看不太明白，我们把单只股票的交易分离出来看一下：

方大炭素：

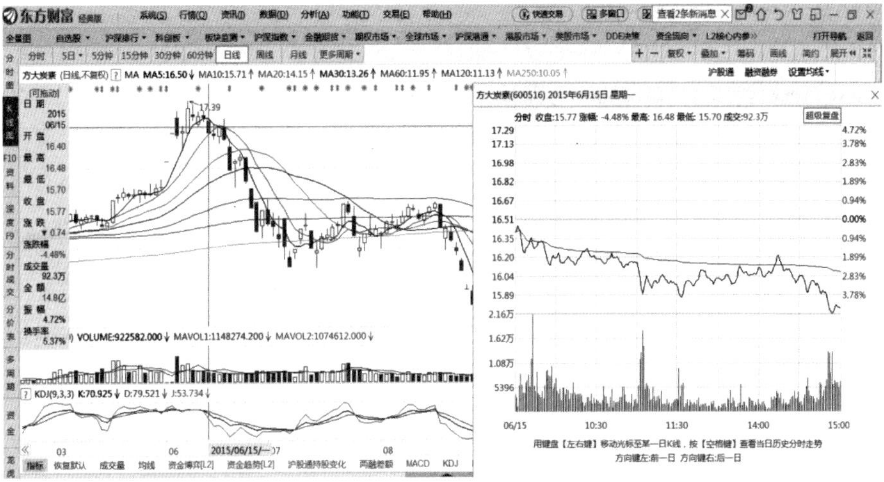

发生日期	市场	证券代码	摘要	证券账户	成交数	成交均价	库存数	变动金额	资金余额	交易费
20150615	沪A	600516	证券买入方大炭素		18500	16.068	55100	-297452.45	-296747.09	189.45

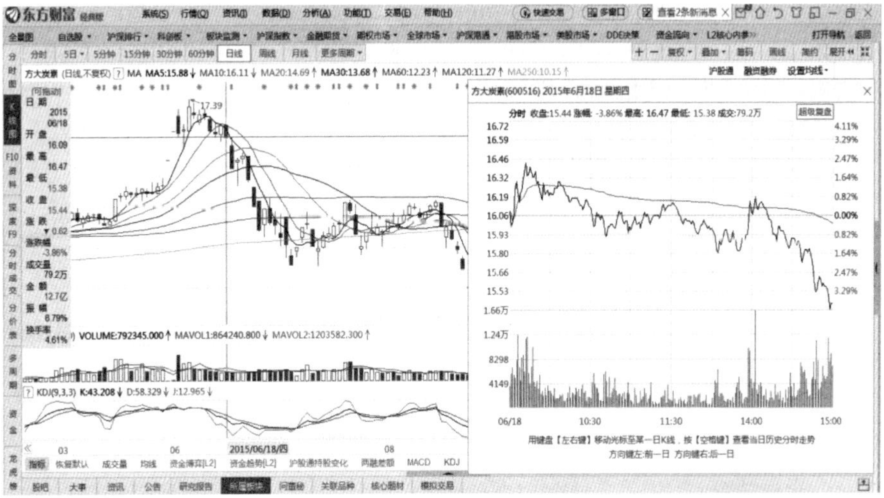

发生日期	市场	证券代码	摘要	证券账户	成交数	成交均价	库存数	变动金额	资金余额	交易费
20150618	沪A	600516	证券卖出方大炭素		55100	16.222	0	892406.00	893182.82	1463.29

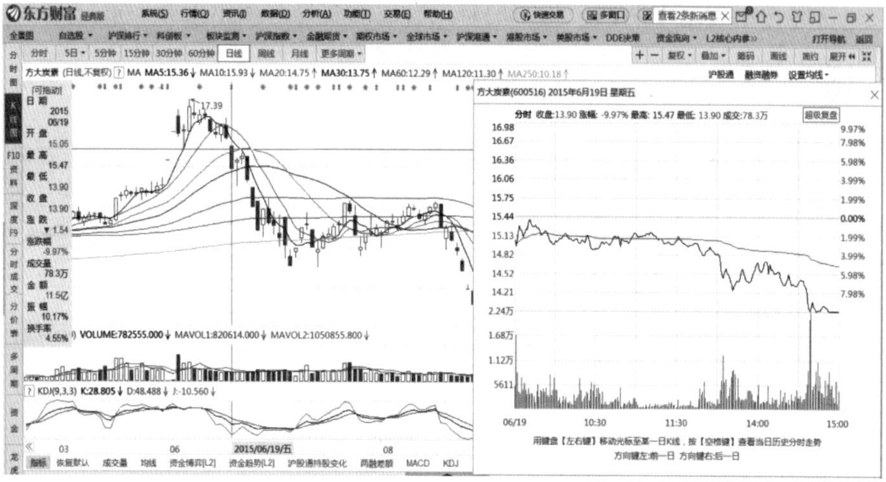

发生日期	市场	证券代码	摘要	证券账户	成交数	成交均价	库存数	变动金额	资金余额	交易费
20150619	沪A	600516	证券买入方大炭素		27100	15.050	27100	-408115.97	485066.85	260.97

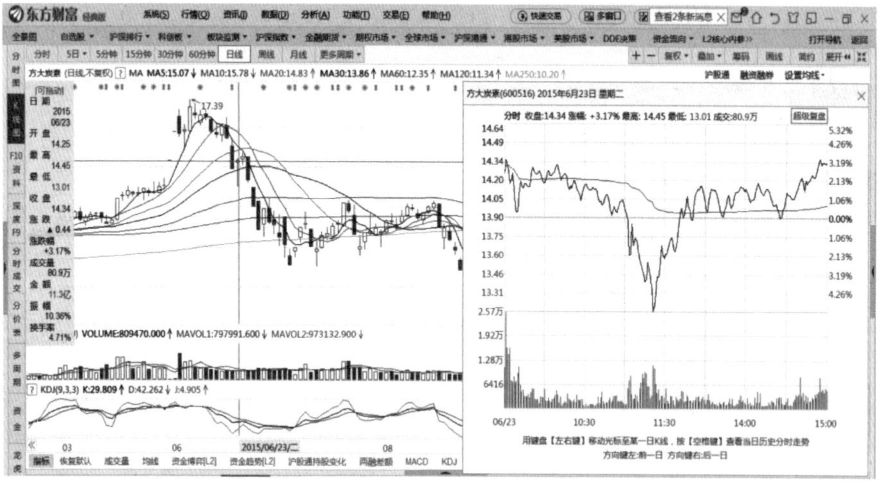

发生日期	市场	证券代码	摘要	证券账户	成交数	成交均价	库存数	变动金额	资金余额	交易费
20150623	沪A	600516	证券卖出方大炭素		27100	13.240	0	358224.46	359103.8	590.36

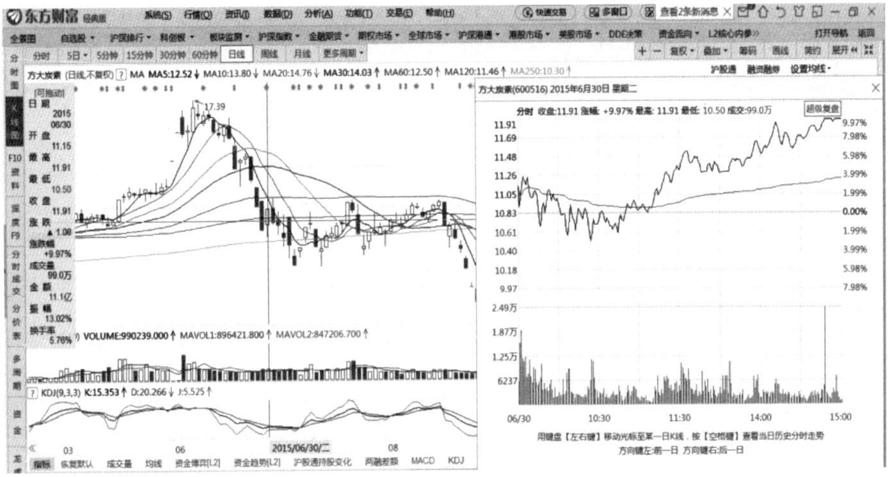

发生日期	市场	证券代码	摘要	证券账户	成交数	成交均价	库存数	变动金额	资金余额	交易费
20150630	沪A	600516	证券买入方大炭素		500	11.100	500	-5555.30	698873.87	5.30

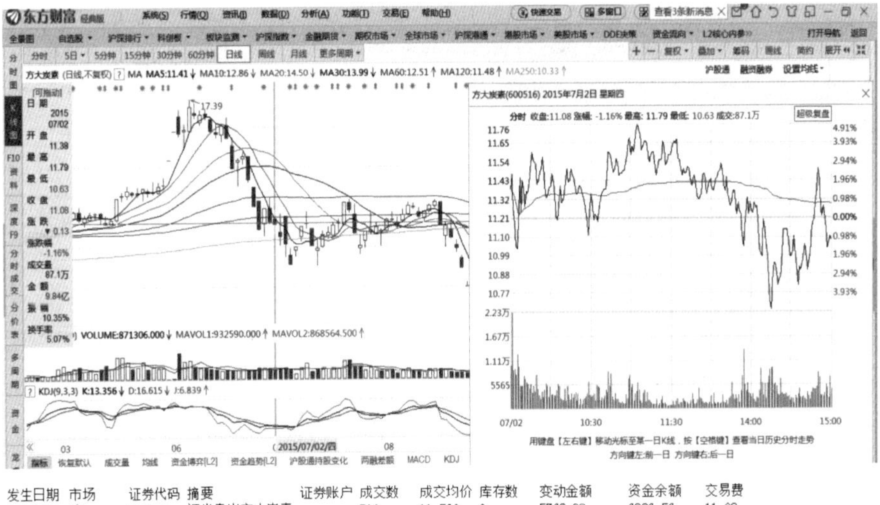

发生日期	市场	证券代码	摘要	证券账户	成交数	成交均价	库存数	变动金额	资金余额	交易费
20150702	沪A	600516	证券卖出方大炭素		500	11.560	0	5768.92	6326.56	11.08

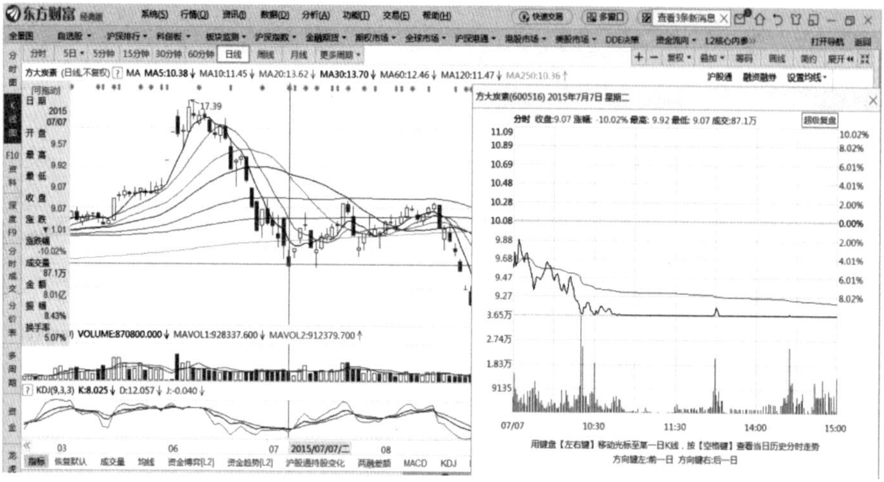

发生日期	市场	证券代码	摘要	证券账户	成交数	成交均价	库存数	变动金额	资金余额	交易费
20150707	沪A	600516	证券买入方大炭素		2900	9.120	2900	-26465.61	687162.29	17.61

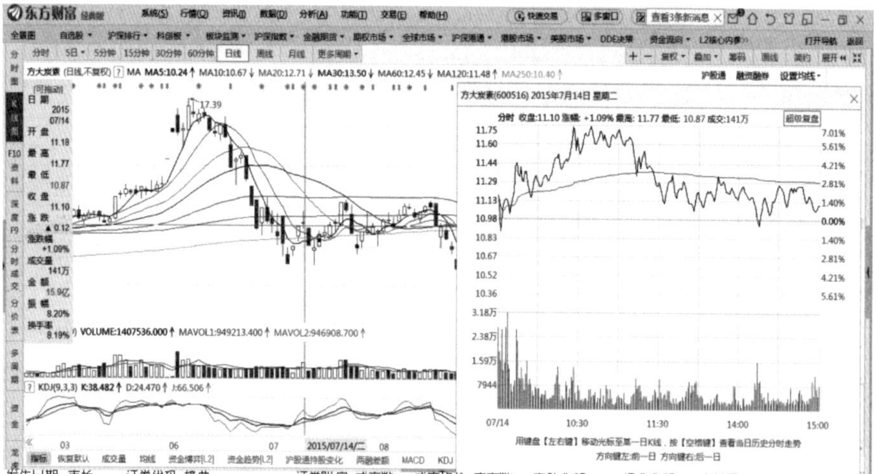

发生日期	市场	证券代码	摘要	证券账户	成交数	成交均价	库存数	变动金额	资金余额	交易费
20150714	沪A	600516	证券卖出方大炭素		2900	11.360	0	32889.55	61514.29	54.45

游族网络：

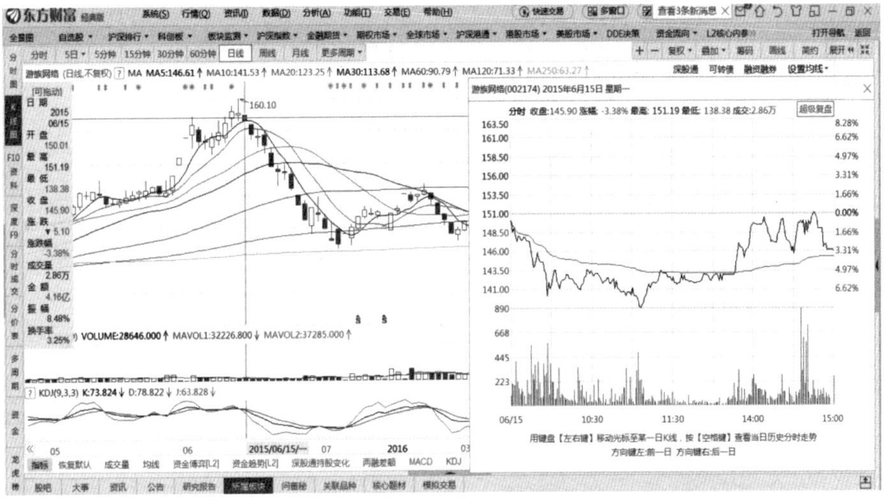

发生日期	市场	证券代码	摘要	证券账户	成交数	成交均价	库存数	变动金额	资金余额	交易费
20150615	深A	002174	证券卖出游族网络		2000	149	0	297523.20	776.11	476.80

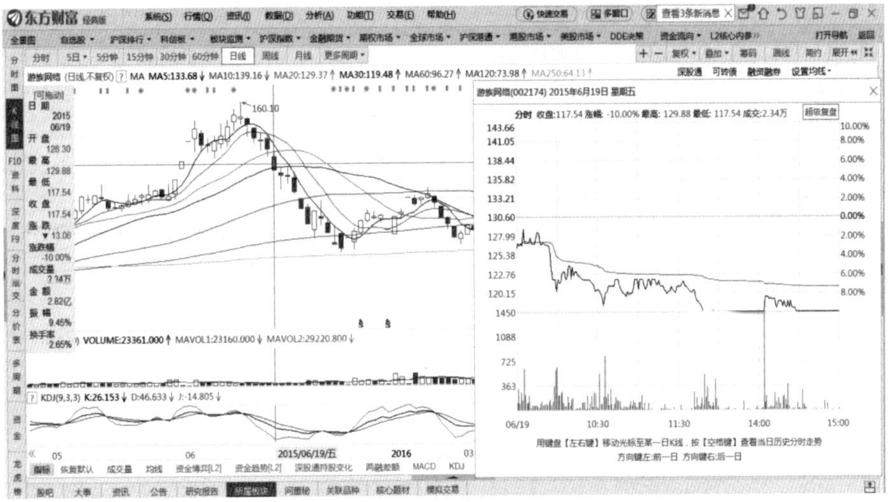

发生日期	市场	证券代码	摘要	证券账户	成交数	成交均价	库存数	变动金额	资金余额	交易费
20150619	深A	002174	证券买入游族网络		4000	121.000	4000	-484289.32	777.53	290.40

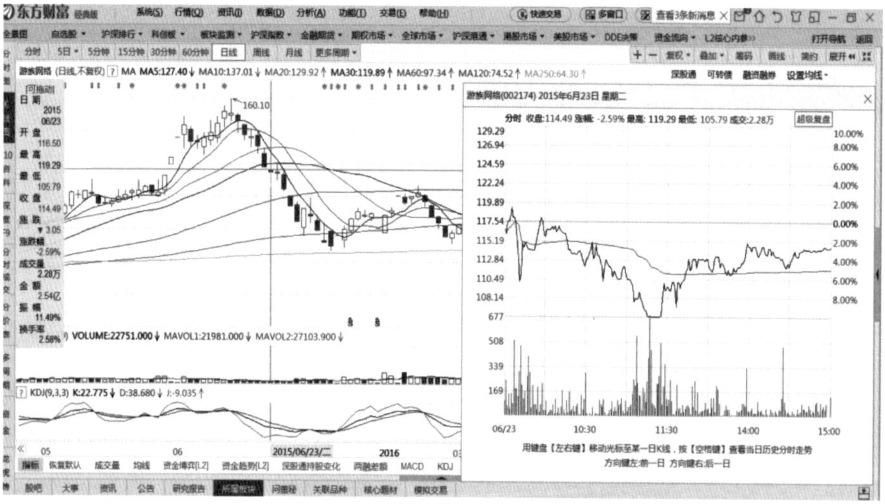

发生日期	市场	证券代码	摘要	证券账户	成交数	成交均价	库存数	变动金额	资金余额	交易费
20150623	深A	002174	证券卖出游族网络		4000	109.006	0	435325.37	794429.17	697.63

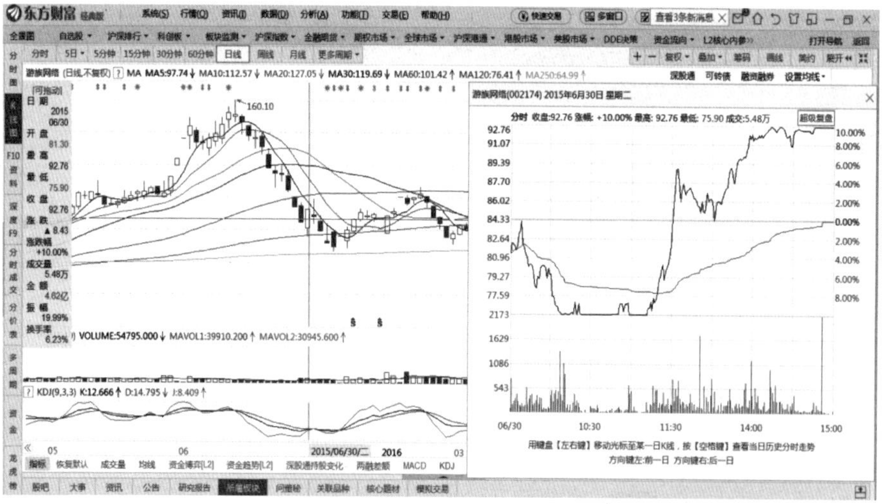

发生日期	市场	证券代码	摘要	证券账户	成交数	成交均价	库存数	变动金额	资金余额	交易费
20150630	深A	002174	证券买入游族网络		8700	80.218	8700	-698316.23	557.64	418.73

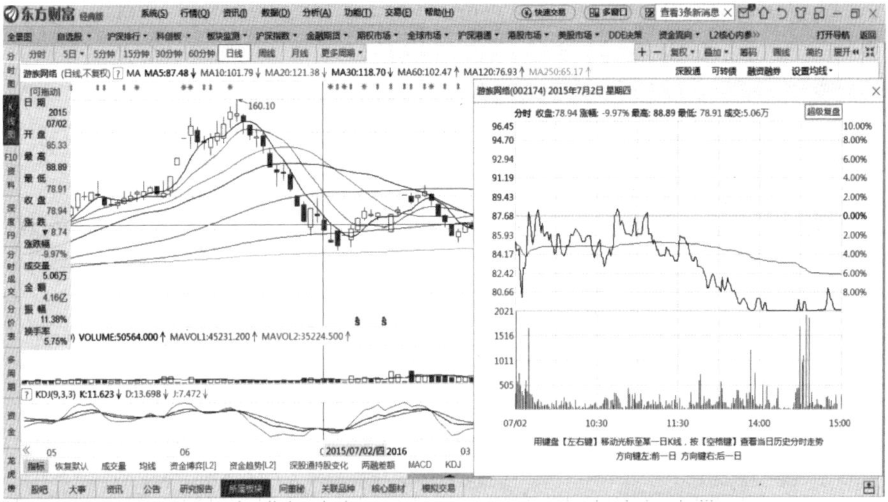

发生日期	市场	证券代码	摘要	证券账户	成交数	成交均价	库存数	变动金额	资金余额	交易费
20150702	深A	002174	证券卖出游族网络		8700	85.306	0	740976.53	747303.09	1187.47

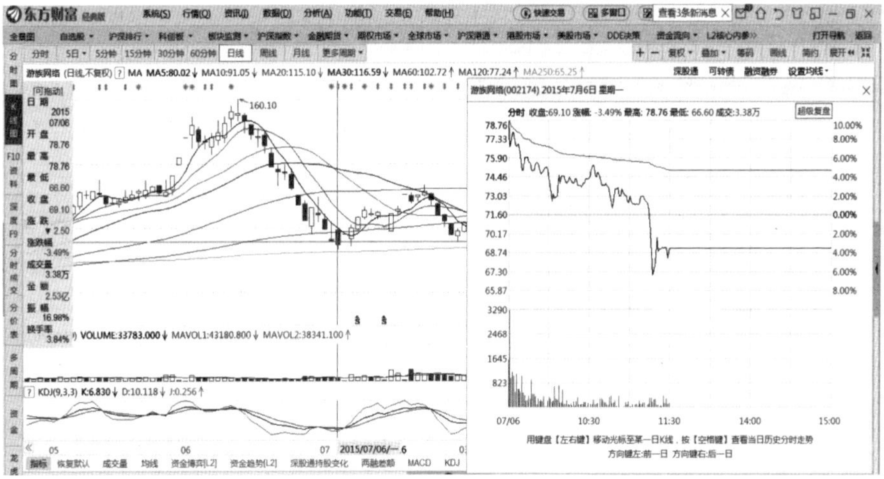

发生日期	市场	证券代码	摘要	证券账户	成交数	成交均价	库存数	变动金额	资金余额	交易费
20150706	深A	002174	证券买入游族网络		500	67.310	500	-33675.19	713627.9	20.19

轴研科技：

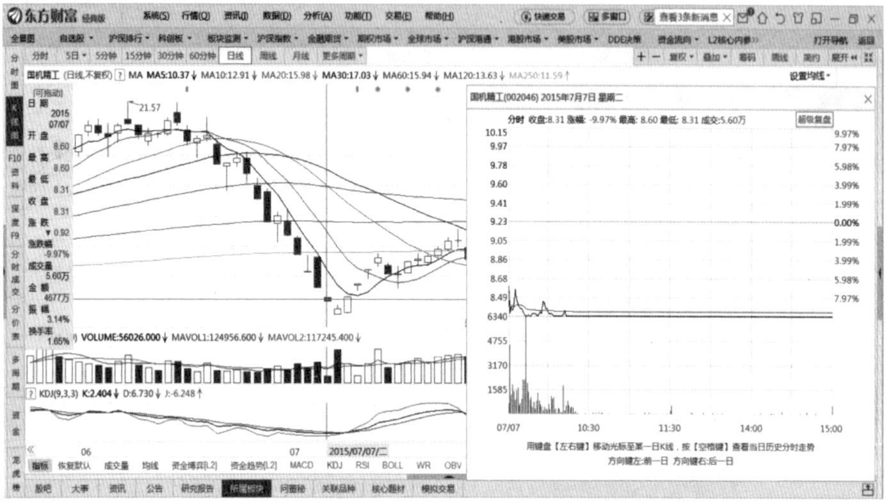

发生日期	市场	证券代码	摘要	成交数	成交均价	库存数	变动金额	资金余额	交易费
20150707	深A	002046	证券买入轴研科技	5700	8.320	5700	-47452.45	639709.84	28.45

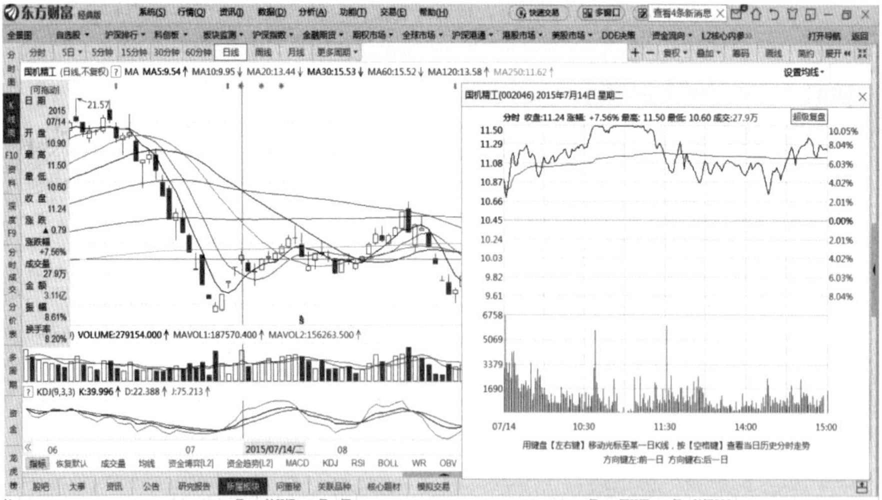

发生日期	市场	证券代码	摘要	成交数	成交均价	库存数	变动金额	资金余额	交易费
20150714	深A	002046	证券卖出轴研科技	5700	11.209	0	63789.77	1006864.21	102.23

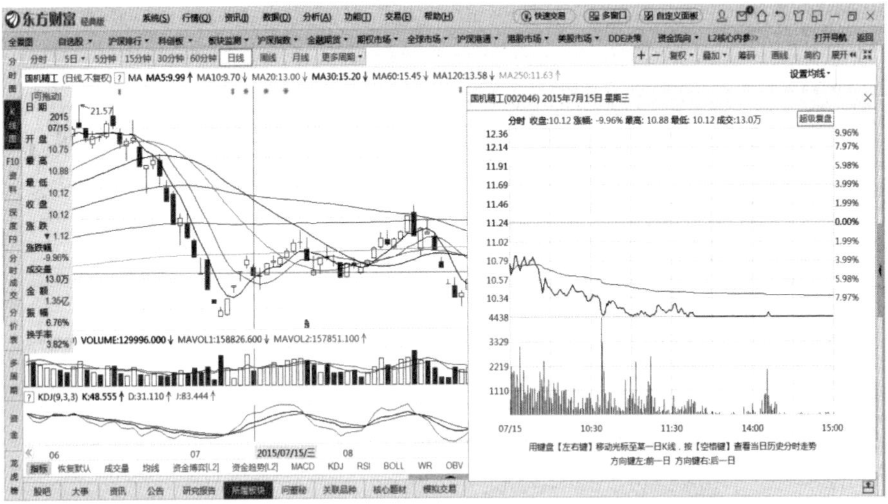

发生日期	市场	证券代码	摘要	证券账户	成交数	成交均价	库存数	变动金额	资金余额	交易费
20150715	深A	002046	证券买入轴研科技		10000	10.170	10000	-101761.02	1207	61.02

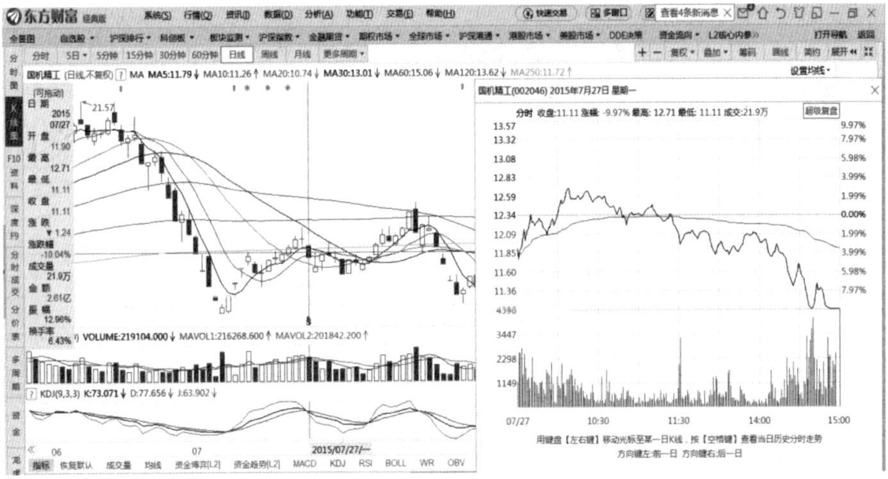

发生日期	市场	证券代码	摘要	证券账户	成交数	成交均价	库存数	变动金额	资金余额	交易费
20150727	深A	002046	证券卖出轴研科技		10000	11.900	0	118809.60	119980.25	190.40

山东药玻：

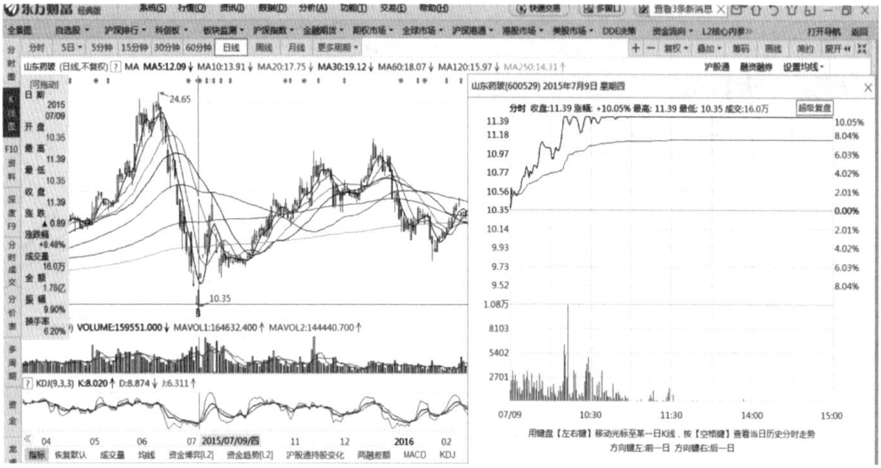

发生日期	市场	证券代码	摘要	证券账户	成交数	成交均价	库存数	变动金额	资金余额	交易费
20150709	沪A	600529	证券买入XD山东药		58400	10.566	58400	-617465.28	270.78	405.28

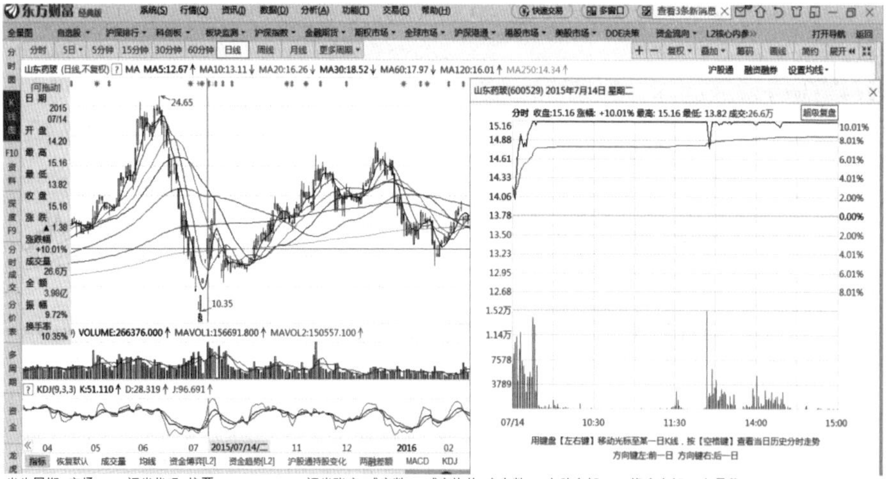

发生日期	市场	证券代码	摘要	证券账户	成交数	成交均价	库存数	变动金额	资金余额	交易费
20150714	沪A	600529	证券卖出山东药玻		58400	15.120	0	881560.15	943074.44	1447.85

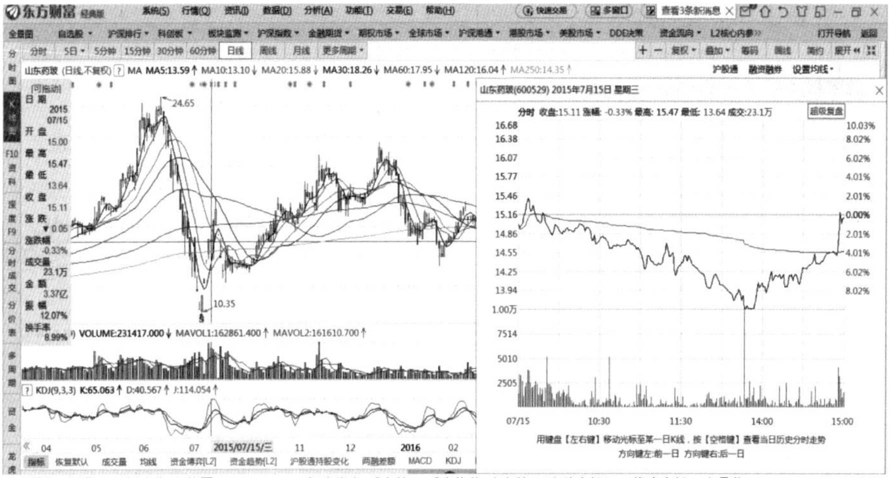

发生日期	市场	证券代码	摘要	证券账户	成交数	成交均价	库存数	变动金额	资金余额	交易费
20150715	沪A	600529	证券买入山东药玻		62000	11.569	62000	-903896.19	102968.02	579.19

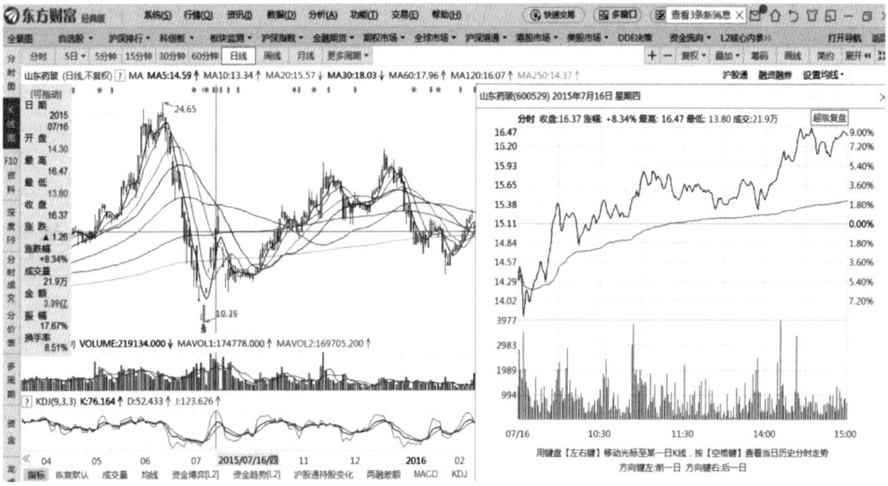

发生日期	市场	证券代码	摘要	证券账户	成交数	成交均价	库存数	变动金额	资金余额	交易费
20150716	沪A	600529	证券卖出山东药玻		30000	15.634	30000	168266.53	169473.53	768.47
20150716	沪A	600529	证券买入山东药玻		28600	16.369	60600	-168469.60	1003.93	298.06

依顿电子：

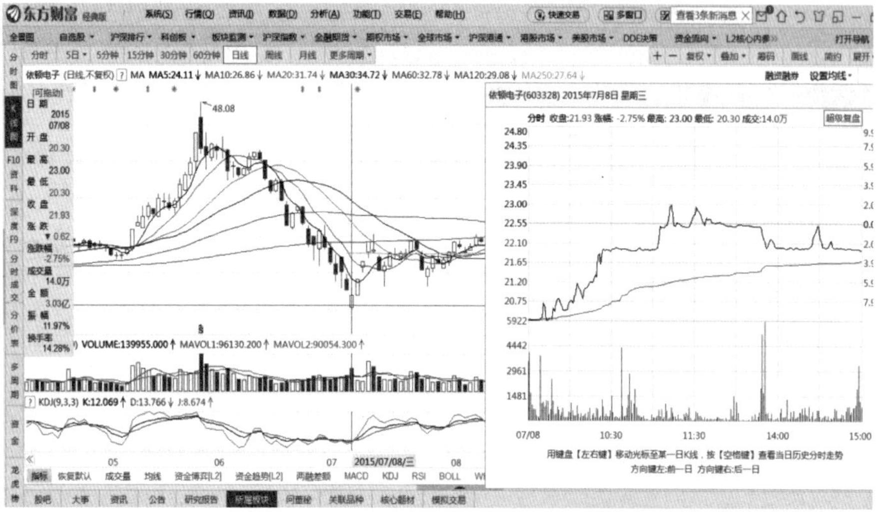

发生日期	市场	证券代码	摘要	证券账户	成交数	成交均价	库存数	变动金额	资金余额	交易费
20150708	沪A	603328	证券买入依顿电子		1000	21.960	1000	-21973.8	617736.1	13.78

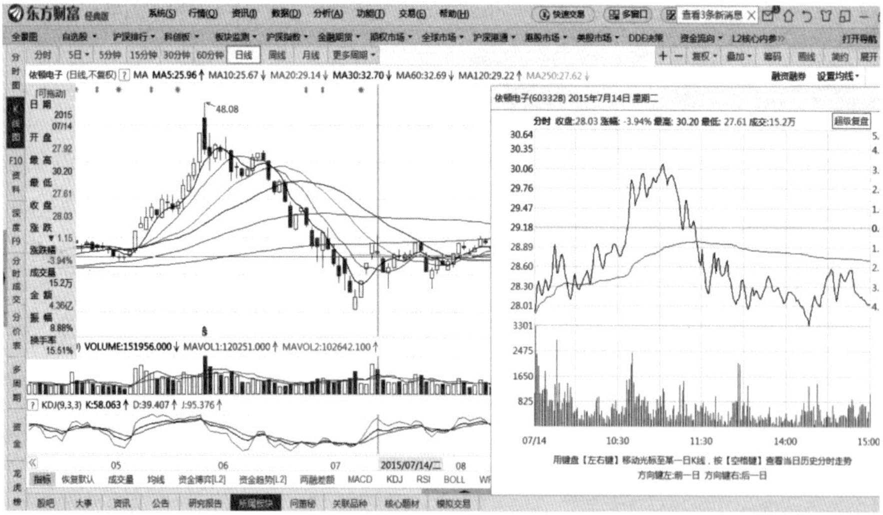

发生日期	市场	证券代码	摘要	证券账户	成交数	成交均价	库存数	变动金额	资金余额	交易费
20150714	沪A	603328	证券卖出依顿电子		1000	28.400	0	28353.96	28624.74	46.04

总体来看，2015年6月30日之前的运作实际是在确认并重合市场节奏，而6月30日之后的操作与市场节奏完全同步了，到2015年7月14日和15

日的两日操作确认了市场一致性情绪在延续，说明结构还在向前发展还没有结束。

这一定是一个在历史性机会面前才能创造的历史性结果，诚实讲，我自己也不知道怎么做到的！给大家看这个的主要目的是想告诉大家，这个世界上没有神，每个人都有可能跟上历史的步伐，也不要过度迷信别人。就像我们要讨论的问题一样，每个人都可以讨论道琼斯指数，不用迷信谁念的书多，更不用迷信西方经济学者比我们懂经济学。

笔者本人对教科书上的西方经济学理论是持怀疑态度的，所以才有了这本平衡经济学。笔者尤其对自己能看到的讲资本市场的理论持怀疑态度，因为虚的太多，实例太少，即使有实例，也都是用过去的图形解释理论，这本身就是一个错误，因为出现什么都有可能，所以已经出现的东西都是概率选择过的，这不能说明理论正确性，正确的理论至少应该能从普遍概率的角度再选择，使概率大幅提高才对，比如一个现象他在自然情况下出现的概率是百分之五，那么针对这一现象出现原因的研究成果，验证其有效的方法是要看用研究成果来寻找的现象出现概率有没有变化，如果没有变化就是无效的。所以，必须用预测准确度来判断其理论正确性。就比如买彩票，你用已经出现的数字组合来证实你选择数字的科学性，那没有意义，虚的东西使劲讲就是吹牛，既然是吹牛，那咱们就不用找别人学了。

平衡经济学理解现有资本市场问题，是结合对现有经济学理论的怀疑来展开的。在现有经济学理论的一些错误指导下，有些问题是一定会出现的，在现有的资本市场问题中，我们把它分为：长期（基本是一个完整经济周期或连续周期），中期（中期是在经济周期覆盖下的产业周期或叫技术周期），短期（市场情绪一至性维持的时间）。长期投资我们讲个代表人物巴菲特大家就明白了，大家自己用巴菲特的投资时间去匹配一下我们讲的 1929—2008 年这个完整样本周期估计也能明白，他抓住了这个周期平衡期以前的经济真实增长与平衡期以后的货币政策的错误，所以封神了。他的投资理论可以学习，但不能套用，因为需要一个新的危机期之后才能再套用一次他的投资风格——在市场连续融断面前，他老人家也只能慨叹自己太年轻了。这足以说明他是一个运气好（赶上了危机期之后的经济起点）而又能坚持的人（长线持股），但并不是一个真懂市场精髓的人。中期的代表类型都是市场里的产业投资基金，它们定向投向一些新兴的产业以期享受产业快速增长带来的高于平均投资收益的高收益率，这个没什么太多可说的。

更多的市场参与者是关心我们说的短期的，短期的持续时间是由市场情绪决定的，当一致性市场情绪出现时，就有趋势波动，每一次的情绪一致性时间长度决定了趋势长度。当然这一切都是在无人为操控的情况下才能真实出现的，所以分析指数比分析单个标的要容易得多，这并不是适用性差别，而是人为操控带来的干扰造成的，指数太难操控，而单个标的太容易操控了。

趋势分长、中、短期的同时，实际上不论哪种趋势，它都是有结构的，这一点我们用长期趋势做例子更容易给大家讲明白。在一个几十年的趋势中，比如道指我们先给它分成波动（有趋势）与不波动（无趋势）两部分，当然这是相对的，没有绝对的不波动。区分完以后大家会发现一个问题就是不波动的时间一般都长于波动时间，我们再把波动分为向上和向下，就会发现在远期趋势中向上波动明显比向下波动多，而这一差距也决定了道指的远期趋势是上升的，尤其在一个完整周期内，在危机期中期形成低点后往往就是这个周期的低点了，之后是一个远期上升趋势，直到第二个周期开启时的危机期低点到来。即使比较两个危机期中后期形成的低点大家也会发现，趋势是上升的，当然，这里可能会涉及数据是否充足的问题。为什么是这样呢？很简单，周期内的问题前面以巴菲特先生为例已经说过了，跨周期的低点抬高实际是社会经济体量增大造成的，那会不会有远期趋势向下的时候呢？这个由未来世界总人口变化决定，当总人口数量转入下降时我们说消费总量边际缩小了，那经济总量肯定是下行的，表现在远期趋势上就下行了。这里面也有一个前提就是货币认知必须提高，至少要有个可比价格之类的指标来修正远期趋势，否则肯定会失真；接着说结构，当总趋势向上时，实际上向上波动和不波动都是正常的，因为它和趋势方向是一致的，而向上的趋势中的向下波动实际是逆趋势的，这往往有两个原因，一个是趋势短期运行太快，积累之后需要一个系统修正，这是正常的，另一个就是出现了大家对趋势判断上的变化而造成的，这就不是正常的。

有一点最重要，不管是正常的还是不正常的，在结构上都构成了趋势的明确短期分界，这往往成为趋势判断的重要依据，这种结构的变化在短期趋势里更容易找到，也就是很多人直接把结构当作短期趋势的原因，我们再回到短期趋势里讲结构，我们说市场一致性情绪维持的时间长短决定了短期趋势的长短，那结构又起什么作用呢？结构反映的是一致性情绪变化的过程，不管长短，变化都是平滑的，所以依据以前和现在的情绪变化趋势，很容易推衍出后面的走向，甚至可以大致判断出幅度，我们这里讲的是经济的总体趋势，大家也可以理解成是股市趋势，而结构放到道琼斯指数中来理解可能更直观。

平衡经济学对结构的理解是把逆趋势的部分作为平衡支点看待的，那么当高点或低点迹象出现以后，后面一定是一个平衡支点区域，而这个区域的大体高度和长度，应该由它要支撑的结构大小来决定，而支点区域可以作为一个独立趋势再分析一次。这个不太可能精算，但是同一系统里不同的位置的两个结构是有相关性的，我们可以通过过去的结构大体进行比例测算。前面的交易实录让大家觉得奇怪，更多的原因应该是市场本身的短期波幅过大，而不是运作的问题，如果同样的交易出现在一个只有这一次 10% 幅度的结构里，它就一点也不奇怪了。

现在回过头来说一下我们讨论的道琼斯指数的问题，既然我们认为这里是一个新的周期的危机期，那么实际这个低点的出现时间是由危机期中后期运行时间决定了，这个新的危机期大概率要运行到 2027 年之后才结束，那么危机期中后期的交界点大概率出现在很靠近 2027 年的 2026 年或 2025

年，经济崩塌带来的指数低点又应该出现在分界点之前，而紧临分界点，就在 2025 年前后。时间确定之后我们再看看幅度，可参考的最有意义的结构是金融海啸那一次，2025 年这个低点才是周期的真正低点，所以一定比上一个要低。我们用前面讲的方法大体和那个结构比较一下，道琼斯指数的这个终极低点应该在 5000 点一线、时间是 2025 年前后，点位在 5000 点左右，这是道琼斯指数吗，真要是出现就太可怕了！

大家可以用这个方法看一下上证指数，也许会有所感受。

后　记

本来想写一本经济学理论的书，写来写去弄成了一本“算命”的预测书，说好听点叫预言吧，看看字数也不多，无所谓，又不是小说，定义定理一般都没多少字，全书的理论结构超出了一个人能力了，真的很累人，里面也有许多需要细化的东西，如果读者有时间，欢迎选一个分支方向我们一起讨论，也希望这些东西能对大家有用。从 2008 年开始一直想写，总是各种理由不想动手，但是我坚信如果一个人懂了一些东西而别人还没有说出来，尤其对整个人类社会有用的，那他应该说出来，因为自己的“懂”就是个责任，所以最后还是把这本书写出来了。实话实说，我到现在也希望我写的这些是错的，因为实在太残酷了。创作过程中有很多需要感谢的，很多让我感动的，如果有人需要这些内容，我愿意对他们开放版权，我个人从来不认为思想和知识一定要有归属感，只要对社会有用，就是最重要的。

2021 年 10 月 12 日